河北农业品牌
发展报告 | 2022—2023 年度

王旭东　王琰琨　王红江　侯　宁　主编

企业管理出版社
ENTERPRISE MANAGEMENT PUBLISHING HOUSE

图书在版编目（CIP）数据

河北农业品牌发展报告：2022—2023年度 / 王旭东等主编. —北京：企业管理出版社，2023.12
 ISBN 978-7-5164-2998-3

Ⅰ.①河… Ⅱ.①王… Ⅲ.①农产品—商业品牌—研究报告—河北—2022-2023 Ⅳ.①F327.22

中国国家版本馆CIP数据核字(2023)第250282号

书　　名：	河北农业品牌发展报告（2022—2023年度）
书　　号：	ISBN 978-7-5164-2998-3
作　　者：	王旭东　王琰琨　王红江　侯　宁
选题策划：	周灵均
责任编辑：	张　羿　周灵均
出版发行：	企业管理出版社
经　　销：	新华书店
地　　址：	北京市海淀区紫竹院南路17号　　邮　编：100048
网　　址：	http://www.emph.cn　　电子信箱：2508978735@qq.com
电　　话：	编辑部（010）68456991　　发行部（010）68701816
印　　刷：	北京厚诚则铭印刷科技有限公司
版　　次：	2023年12月第1版
印　　次：	2023年12月第1次印刷
开　　本：	710mm×1000mm　　1/16
印　　张：	13.75
字　　数：	170千字
定　　价：	76.00元

版权所有　翻印必究·印装有误　负责调换

河北农业品牌发展报告
（2022—2023年度）
编委会

顾问组 苗冰松 翁树文 毛绪强 张照新 刘继芳
主　编 王旭东 王琰琨 王红江 侯　宁
副主编 张荣春 剧　宁 孙晓飞 刘　霞 孙华峰
　　　　 任　喆 常芳楠 李紫轩 邓光远 郗宏彬
　　　　 李建兴 孟玉敏 戴秀君
参　编 周　坤 孙光辉 赵　炫 王丽丽 于　洁
　　　　 张　鹏 郭合山

技术支持

中国农村杂志社
河北省农业品牌建设中心
河北农业大学河北农业品牌研究院
北方工业大学经济管理学院
中国农产品市场协会
河北省农产品品牌协会
保定市农产品品牌协会

前　言

河北省作为我国重要的农业省份之一，其农业品牌建设与发展对于推动农业产业升级、提升农产品附加值、促进农民增收具有重要意义。

随着经济社会的发展和市场竞争的加剧，河北省农业品牌建设面临新的机遇与挑战。2022—2023年度是河北省农业品牌发展不平凡的年度，面对新机遇、新挑战，河北省农业品牌须对自身的发展做出新的策略规划。本研究报告深入分析河北省2022—2023年度农业品牌建设的现状、优势与劣势，探讨其发展路径与策略，旨在为推动河北省农业品牌建设与发展提供理论支持和实践指导。

本研究报告包含河北省农业品牌建设发展总论、各地市农业品牌发展分论以及农业品牌领域专家的思考和实践几部分内容，在对相关数据及案例的收集与分析的基础上，结合实地调研与案例研究，梳理了河北省农业品牌的基本特点、主要做法，分析了其发展成效及存在的问题，并对品牌未来的发展趋势做出展望。我们期望通过对河北省农业品牌建设与发展路径及策略的探讨，为河北省农业品牌建设的可持续发展贡献一份力量。

本报告由国优农品（河北）供应链科技有限公司、中果优品（北京）科技有限公司提供农业品牌数字化技术支撑，河北农业大学、河北省农业品牌建设中心、中国农村杂志社、中国农业科学院、农业农村部农村经济研究中心等机构专家给予大力支持和帮助。谨向所有关心本研究报告出版的各界人士表示衷心的感谢！

《河北农业品牌发展报告（2022—2023年度）》

编委会

2023年11月

目 录

总 论

河北省农业品牌建设现状分析　　3
　　一、政策创设和项目资金支持情况　　3
　　二、品牌基础建设情况　　5
　　三、品牌渠道建设情况　　5
　　四、品牌营销推广情况　　8

河北省国际知名农业品牌经验报告　　11
　　一、品牌海外推广情况　　11
　　二、品牌管理保护情况　　13

农产品区域公用品牌建设分析报告　　14
　　一、重点任务落实情况　　14
　　二、脱贫地区品牌建设情况　　16
　　三、地方实践亮点　　19
　　四、存在问题及建议　　22
　　五、工作计划　　23

分论一

石家庄：品牌农业助力脱贫地区产业振兴……………………31
    一、向品牌要价值：石家庄夯实脱贫地区农业高效发展基础 ………31
    二、以创新谋发展：石家庄推动品牌农业发展的实践经验 ……34
    三、以品牌促振兴：石家庄脱贫地区农业品牌提升的政策建议 ……35

邯郸市："四位一体"擦亮"京津菜园"金字招牌…………37
    一、古赵今邯："京津菜园"农业品牌基础条件优良 ………37
    二、多方突破："京津菜园"农业品牌发展成效显著 ………38
    三、"四位一体"："京津菜园"农业品牌建设的先进经验…42
    四、"四大行动"："京津菜园"农业品牌发展提质策略 ……46

保定市：瞄准"一县一特、一村一品"，云平台赋能特产品牌化 …………………………………………………50
    一、优化顶层设计，规范品牌运行体系 ………………………50
    二、深挖地域特色，"一县一特、一村一品"格局初步形成 …51
    三、实行联合攻关，赋能传统品牌 ……………………………51
    四、开展质量认证，筑牢品牌发展根基 ………………………52
    五、实现电商全覆盖，数字云平台助力特产品牌化 ……………53

目 录

承德市：立足生态优势，叫响"承德山水"，打造中国式
　　农业现代化承德场景····················· 55
　　一、突出地域特色，融入生态要素发展品牌 ···········55
　　二、倾力打造"承德山水"，提升品牌辨识度 ···········57
　　三、筑牢品牌发展根基，高标准引领高质量 ···········57
　　四、拓宽营销渠道，提高品牌美誉度和影响力 ·········58
　　五、对接高端市场需求，推进食品品牌培育 ···········59

张家口市：突特色集群之围，重点培育"一县一品"········ 60
　　一、绿色农牧产业集群的发展现状及优势 ············60
　　二、集群发展中存在的问题 ······················61
　　三、主要工作举措及成效 ·······················62
　　四、下一步工作安排 ··························63

沧州市：品牌兴业富民成效显著···················· 64
　　一、强意识突出摆位 ·························65
　　二、定规划梯次推进 ·························66
　　三、多渠道培育打造 ·························66
　　四、严考核重抓落实 ·························67
　　附：沧州市重点农产品生产加工企业品牌建设巡礼 ·········68

邢台市：构建母子品牌体系，做强特色农业品牌············ 75
　　一、邢台市农业品牌发展现状及特点 ···············75
　　二、邢台市农业品牌发展主要经验做法 ··············82
　　三、邢台市农业品牌发展存在的问题 ··············85

· III ·

四、邢台市农业品牌发展建议 …………………………………… 87

唐山市：品牌强农，打造农业高质量发展引擎 ………………… 92
　　一、京东门户：农业品牌区位优势明显，基础条件优良 ……… 92
　　二、单点打透与多点开花：农业品牌化建设与农产品安全
　　　　体系建设成为农业发展"双引擎" ………………………… 93
　　三、多管齐下的农业品牌建设与推广 …………………………… 94
　　四、唐山市农业品牌发展提质十大举措 ………………………… 95

秦皇岛市：以地标产品为内核，发展特色的
"冀"文化品牌 ………………………………………… 104
　　一、秦皇岛市农业品牌的发展现状与建议 ……………………… 104
　　二、秦皇岛市区域公用品牌建设现状与建设成效 ……………… 106
　　三、秦皇岛市"两品一标"建设进展 …………………………… 108
　　四、秦皇岛市农业知名品牌——"在旗"品牌建设之路 ……… 111
　　五、品牌质量安全控制与推动措施 ……………………………… 116
　　六、"山海关大樱桃"产业品牌建设主体情况及表现 ………… 118

廊坊市：发展精品农业，强化数字化赋能 ……………………… 122
　　一、农业品牌建设现状分析 ……………………………………… 122
　　二、区域公用品牌建设现状分析 ………………………………… 125
　　三、"两品一标"建设进展 ……………………………………… 126
　　四、品牌质量安全控制与推进措施 ……………………………… 127
　　五、品牌建设主体情况与品牌市场表现 ………………………… 128

衡水市：多项举措夯实品牌供应链建设……130
一、基本情况……130
二、存在的问题……132
三、意见与建议……134

分论二

雄安新区发布"雄安甘薯"区域公用品牌……139

平泉香菇：农业品牌精品培育结硕果……140
一、平泉食用菌产业总体发展情况……140
二、品牌建设基本情况……141
三、品牌建设成果……145
四、品牌化创建工作对农业提质增效、农民增收的作用……146
五、品牌创建工作中的可改进之处……147
六、相关建议……148

万全糯玉米：万全黄金名片……149

蠡县麻山药：加快特色产业建设步伐，力争打造国家级区域公用品牌……152
一、坚持麻山药种植科学化引领……153
二、推进麻山药加工企业集群化发展……153
三、搭建麻山药市场专业化平台……154

四、提升麻山药品牌特色化建设 …………………………………… 154

五、强化麻山药生产销售全过程监管规范化运行 ………………… 155

六、加强麻山药研发创新化驱动 …………………………………… 156

专　论

充分发挥品牌引领作用，推动农业特色产业转型升级…… 159

数字技术驱动农业品牌发展……………………………………… 162

一、前言 ………………………………………………………………… 162

二、数字技术在河北省农业品牌发展中的应用 …………………… 166

三、数字技术驱动河北省农业品牌发展的建议 …………………… 175

参考文献 ………………………………………………………………… 179

标准化建设助力京津冀蔬菜品牌一体化发展…………………… 181

一、京津冀蔬菜品牌一体化发展的重要性及存在的问题 ………… 181

二、河北蔬菜京津冀品牌协同发展当前存在的问题 ……………… 182

依托产业集群，赋能特色产业农业品牌高质量发展………… 189

一、培育优势产业，夯实品牌基础 ………………………………… 189

二、打造产业集群品牌，树立行业代表旗帜 ……………………… 190

三、集中宣传推介，扩大品牌影响力 ……………………………… 192

四、线上线下结合，拓展品牌渠道 ………………………………… 193

农产品质量安全追溯体系护航农产品区域公用品牌价值… 197
    一、农产品区域公用品牌的特征与价值 …………………… 197
    二、我国农产品区域公用品牌建设过程中存在的问题 ……… 198
    三、产品质量的标准化是农产品区域公用品牌建设的关键 … 199
    四、农产品质量安全追溯体系是农产品区域公用品牌
        数字化管理的重要保障 ………………………………… 200

图表索引

图索引 ……………………………………………………… 205

表格索引 …………………………………………………… 206

总　论

总 论

河北省农业品牌建设现状分析

河北省农业自然条件优越，区位优势明显，素有"中国地理环境缩影"的称号，是世界公认的优质奶源区，葡萄、马铃薯种植黄金带。近年来，河北省以市场需求为导向，以资源禀赋为基础，分区域优化产业结构和产品结构，重点培育优质专用小麦、优质谷子、精品蔬菜、道地中药材、优势食用菌、沙地梨、优质专用葡萄、山地苹果、高端乳品、优质生猪、优质蛋鸡、特色水产12个特色优势产业，按照"全产业链打造、全价值链提升"的思路，着力实施土壤环境改良、现代种业提升、创新平台建设、技术标准推广、设施装备升级、绿色生产推进、加工保鲜提升、休闲农业培育、"河北品牌"打造、园区基地带动、联合发展促进、产销渠道对接十二大工程，将科技、绿色、品牌、质量等现代生产要素融入农业生产各环节，着力提高绿色优质农产品供应能力。2023年新增优质专用粮食183万亩（1亩≈0.0667公顷），蔬菜、水果、中药材、食用菌等特色产业218万亩，建设有全国最大的越夏香菇基地、优质梨基地、酸枣仁基地、高端奶业基地，为品牌培育创造了良好的基础条件。

一、政策创设和项目资金支持情况

河北省按照"产业强县+品牌强县"的思路，围绕蔬菜、乳品、中药材、强筋麦、板栗等河北省"独有、特有、富有"的农业产业，重点打造"千亿集群"品牌形象，支持衡水、沧州等市，打造知名河北农业品牌，补齐农业品牌发展短板，提高品牌溢价能力，以及以京津为重点的市场影响力和品牌美誉度。

2022年，打造1个知名品牌整体形象，提升5个千亿级产业品牌，支持20个区域公用品牌、20个领军企业品牌培树升级，推广200个优质产品品牌，主要分为社会影响力提升和品牌打造提升、社会宣传、渠道拓展三个部分，具体如下。

（一）3535万元打造河北农业知名品牌

河北省投入3535万元，三部曲打造河北农业知名品牌。

一是1400万元做特做实河北农业知名品牌规划，优化品牌顶层设计。对标山东寿光蔬菜品牌发展模式，以提升品牌核心竞争力为目标，夯实基础支撑，依托沧州、衡水等蔬菜优势产业基础，打造1~2个河北农业知名品牌。围绕全省"五大千亿级产业集群"，根据各个品牌的现状特点以及短板，实施"一品一策一方案"，聘请一流专业团队，逐一制定、完善、提升品牌发展规划，支持企业品牌发展，支持预制菜等蔬菜加工产业发展。

二是1000万元做响做靓整体形象，提高推介传播声量。针对品牌宣传力度不够、宣传方式单一、效果不明显、影响力不大等问题，深入挖掘其历史文化、外形口感等特点，打"文化牌""科技牌""健康牌""绿色牌""放心牌"。

三是1135万元做深做广销售渠道，提升品牌营销能力。针对产品销售渠道不广、高端市场占有率低、好产品卖不上好价钱等问题，着力实施渠道拓展行动，深入挖掘农产品批发市场、大型商超、外贸出口等潜力，把原有传统销售渠道做精、做细、做活；结合中央厨房、预制菜、团餐等产业，发展净菜、鲜切菜、脱水菜、速冻菜等品种，把供应链条做长、做硬、做深。拓展高端品牌"专柜专销""直供直销""社区联供"等销售形式，深化与京东商城、阿里巴巴等电子商务（以下简称电商）平台的战略合作，融合线上服务、线下品鉴、场景体验等新模式，把新渠道做广、做宽、做多。多措并举，实现品牌优质优价，推动品牌提高市场占有率。

（二）600万元支持脱贫地区及重点地区进行品牌提升和产销对接

加大对河北省脱贫地区及重点地区品牌建设和产销对接支持力度，着力提高河北省脱贫地区农业品牌知名度和市场辨识度，调整营销思路。加强对营销对象的分析和研究，通过文化挖掘、时尚引领、"网红"消费等找出准确的市场需求，增加品牌农产品的附加值。支持区域公用品牌发展突出、品牌打造得力的县实施区域公用品牌提升行动。

（三）300万元实施农业品牌社会影响力提升行动

举办河北省品牌农产品创新创意设计大赛、中国农民丰收节、河北省农业品牌展销周等活动，提高品牌打造专业化水平，提升品牌价值，做好农业品牌研究、价值评估、培训等，举办全省产业集群品牌、区域公用品牌、领军企业品牌等品牌认定、评选、发布等活动。

二、品牌基础建设情况

河北全省农产品注册商标两万余个，打造国家级区域公用品牌30个、省级区域公用品牌125个、市级区域公用品牌200多个、省级农业企业品牌40个，"三品一标"农产品3000余个，绿色食品1000余个、有机农产品100余个，地理标志农产品37个。

三、品牌渠道建设情况

（一）对接北京相关部门及市场主体，举办品牌农产品在京"六进"行动

为推动河北省农业品牌在京津的影响力和知名度提升，河北省开

展了"进市场、进食堂、进超市、进饭店、进社区、进餐桌"的"六进"行动。一是组织第七届京津冀品牌农产品产销对接活动、第六届京津冀蔬菜产业发展大会暨招商对接活动、"玉田供京蔬菜"产销对接暨京津冀农产品可持续发展大会、京津冀和东北地区采购商入冀采购对接会等,实现河北农产品生产企业与京津区域采购商的产销对接。二是组织举办河北脱贫地区品牌农产品线上推介活动、"品味河北 冀启京彩"进京推介会暨河北"菜篮子"品牌农产品"六进"活动、河北"菜篮子"品牌农产品在京进社区进餐桌专题推介活动、河北品牌农产品北京"六进"行动暨环京蔬菜共建基地启动仪式、中国(永清)西红柿节、河北品牌中药材产销对接大会、河北省品牌农业进京示范基地暨京津冀协同未来生活馆揭牌仪式等多场产销对接活动,取得阶段性成效。三是在北京市西城区、石景山区等社区举办河北"菜篮子"品牌农产品在京进社区、进餐桌专题推介活动,献县益民甜瓜、威县威梨、隆化肉牛等20家河北省优质农业企业(合作社)的200余种品牌农产品参加了此项活动。四是河北品牌农产品北京"六进"行动暨环京蔬菜共建基地启动仪式在北京市新发地农产品批发市场成功举办,来自河北省的200余家企业、2000多种产品现场参展。其中,赞皇大枣、巨鹿金银花、青龙板栗、兴隆山楂等脱贫地区农业品牌企业超过100家,产品超过1000种。新发地单品"大王"、北京盒马鲜生、北京物美超市、中国农垦集团有限公司、北京市餐饮行业协会、京东集团、东方甄选等300多家采购商、电商企业现场参会。五是组织河北省张家口、承德、保定、邢台等的200多个品牌农产品参加中华人民共和国农业农村部(以下简称农业农村部)在北京大兴国际机场举办的"航空助农"活动,河北省农业企业与中国东方航空集团有限公司、中国联合航空有限公司、北京大兴国际机场等航空企业洽谈交流,作为河北省推动的品牌农产品北京"六进"行动中的重要一环,推动河北省品牌农产品走向国际。

（二）瞄准市场需求，拓展品牌产品销售渠道

着力提高河北省农业品牌知名度和市场辨识度，调整营销思路，加强对营销对象的分析和研究，通过文化挖掘、时尚引领、"网红"消费等找出准确的市场需求，增加品牌农产品的附加值。一是组织以承德、保定等地环京津脱困县茶品为主的河北养生茶系列品牌参加中国国际茶叶博览会，在展会现场进行茶品宣传推介。二是组织举办京津冀和东北地区采购商入冀采购对接会，组织望都辣椒、阜平大枣、唐县羊肉等70余家河北品牌农业企业，邀请100家采购商参加活动，现场签约金额超过1.5亿元。三是印发《河北省农业农村厅关于进一步加强农产品产销对接工作的通知》，要求各市加大品牌产品产销对接力度，促进河北省特色品牌产品市场销售。截至目前，全省共举办各类产销对接活动（含北京）超过30场。印发《关于做好北京西站河北品牌农产品展销中心企业入驻并征集展品的通知》，初步征集330种品牌产品。四是组织品牌企业参加北方奶业大会等展会；参加第五届中国国际茶叶博览会，设立以雄安荷叶茶为主题的河北茶叶专区；组织举办易县磨盘柿等区域公用品牌产销对接及发布活动；参加中国中西部农业博览会等相关活动。五是支持平山优礼、尚义燕麦、康保荞麦、沽源马铃薯、赤城架豆区域公用品牌发布活动，形成农业品牌发展示范效应，传播先进品牌理念，邀请全国采购商参展，辐射全国市场，重点覆盖京津区域。

（三）举办河北品牌农产品万里行系列活动，开拓重点地区销售渠道

为拓宽河北农产品在全国重点区域的销售渠道，搭建河北品牌农产品和重点区域经销商之间的交流对接平台，提升河北品牌农产品知名度和影响力，河北省在北京、天津、深圳等地举办了一系列河北品牌农产品万里行活动。一是在深圳市举办河北品牌农产品万里行（深圳站）活

动，河北农产品企业围绕精深加工、物流配送、科技研发、冷链储存以及餐饮食堂、社区团购等供销意向，与深圳本地的农产品采购商代表对接洽谈并进行签约，现场签约金额达4.1亿元。二是在天津市举办河北品牌农产品万里行（天津站）活动，河北省特色品牌农产品的企业代表、天津范围内的采购商等200余人参加。活动期间，来自河北省的100多个涉农企业携特色水果、食用菌、粮油、肉食产品等千余款农产品现场展销，现场签约金额达1.19亿元。三是在北京市举办河北品牌农产品万里行（北京站）活动。

（四）与电商平台深化合作，实现产销精准对接

河北省的80余家企业、300余种品牌农产品参加了在北京市举办的河北品牌农产品万里行（北京站）活动，邀请了以北京为主的全国大型批发市场经销商、电商平台企业负责人约50人到会洽谈合作，整体签约额超过10亿元。此行，河北省农业农村厅农产品品牌中心与京东集团签署战略合作框架协议，今后河北省与京东集团将基于各自业务布局及能力优势，重点围绕生鲜农产品电商上行、特色农产品品牌打造、地标产业带联合共建以及生鲜供应链整合、物流技术及服务等领域开展合作，共同深耕河北"三农"沃土，通过京冀两地的产销对接，让河北新鲜蔬菜装进北京"菜篮子"，助力京津冀协同发展。

四、品牌营销推广情况

（一）打造河北农业品牌形象，讲好河北农业品牌故事

近年来，河北省以"冀在心田"为主题，打造河北农业整体品牌形象。一是连续举办七届河北省农业品牌评选活动，认定了一批省级农业区域公用品牌和领军企业品牌，举办专题新闻发布会，并在河北电视台举办了专题晚会向全社会宣传推介。二是出版了《河北农业品牌故事》

《河北特色名优产品名录》《小米故事》。其中《河北农业品牌故事》通过深入挖掘河北农业品牌的历史底蕴、文化内涵、价值追求，精心选编了100个河北省农业品牌故事，充分发挥品牌的抓手作用，讲好河北农业品牌故事，传播新时代河北农业最强音。河北农产品品牌形象以及市场影响力、竞争力逐年增强，品牌知名度和美誉度不断提升。

（二）打造立体式媒体宣传矩阵，全方位宣传河北农业品牌

综合利用"电视+高端平台+新媒体+专业机构"宣传渠道，以河北省产业集群品牌优势、产业特点为重点，分层次、分地域、分重点开展品牌宣传推广。在北京广播电视台、线上新媒体开辟品牌宣传窗口，创新品牌宣传路径，拓宽宣传范围，定位宣传对象，在国内外营造河北农业品牌的宣传氛围，通过传统和现代宣传媒介向全社会进行品牌宣传推广。一是在农业农村部建设的中国农业品牌微信公众号平台宣传推广迁西板栗、平泉香菇、鸡泽辣椒、永清胡萝卜和万全鲜食玉米农业品牌，从产品的文化历史、营养价值、品牌影响力等方面，助力河北农业品牌推广。二是利用北京媒体资源多层次、全方位宣传河北农产品。与北京市农业农村局积极展开合作，利用北京舆论阵地，提升河北省品牌农产品在北京市的品牌知名度和影响力。截至目前，包括北京广播电视台、《农民日报》《北京日报》《新京报》《北京青年报》、新华网、人民网、央广网、中国农网、中国日报网、中国食品安全网、千龙网等在内的10多家中央和市级媒体资源发布相关品牌产品介绍及活动报道达500余条，总阅读（播放）量近500万次；同时，通过美丽乡村网、"北京农业农村"政务微博等委局自有媒体平台持续推送相关信息，为河北品牌农产品走进北京市场提供了有力的舆论支撑。三是引导各市在北京西站、中央电视台等场所投放宣传广告，加强河北农业品牌面向人口密集地区的宣传推广。组织邯郸市突出馆陶黄瓜、鸡泽辣椒等河北品牌蔬菜

产品，以"品优味鲜·京津菜园在邯郸"为主题，在中央电视台财经频道、农业农村频道等播出品牌宣传片，年收看量4.4亿人次，同期在北京西站、北京国贸地铁站宣传推介肥乡番茄等河北区域公用品牌。邢台市在中央电视台投放酸枣仁区域公用品牌宣传广告，在北京西站等影响力较大的户外区域投放农业品牌宣传片。四是在"河北农业品牌"微信公众号、抖音公众号发布30余条河北农业品牌及相关宣传视频。河北广播电视台经济生活频道联手京津冀推出《乡村振兴看河北 新鲜好菜 冀在心田》专题节目，于2023年5月4日进行首播，专访了安平老家乡水果猪肉、富岗苹果等企业负责人，在河北广播电视台、冀时客户端等进行直播，收视量突破2000万人次。在河北旅游文化广播频道播出10期河北农业品牌公益广告，重点覆盖京津冀地区。

总 论

河北省国际知名农业品牌经验报告

一、品牌海外推广情况

（一）参加国内各类展会，对接国外企业，推介河北农产品品牌

2023年，规划在广东东莞举办的第七届中国国际食品及配料博览会暨首届中国国际预制菜产业博览会，河北省共组织40余家农产品出口企业参展，对接来自德国、丹麦、日本、中东欧等20个国家和地区的企业。

2023年，规划在深圳举办的2023世界食品（深圳）博览会，河北省共组织27家农产品出口企业携百余种展品参展，展会达成合作意向50余项，涉及金额超过1500万美元。

（二）探索海外推广新方式，开展单个农产品产销招商对接会

规划在2023年泊头市举办河北鲜梨出口产销招商对接大会，吸引了来自阿拉伯联合酋长国（简称阿联酋）、俄罗斯、荷兰等国及省内近80家大型鲜梨出口企业和采购商参会。

（三）参加海外市场当地展会，立体式媒体矩阵全方位宣传推广

2022年，河北省组织企业参加由香港贸易发展局主办的美食博览会和第31届莫斯科国际食品展览会。香港美食博览会上，河北省组织9

家特色优质农产品出口企业组成中国河北展团参展，产品涉及坚果、鲜梨、速冻玉米、蔬菜、牛羊肉、鸡蛋、辣椒、酵素、水产休闲食品、栗仁及水果罐头等多种品类。第31届莫斯科国际食品展览会上，河北省组织4家最具河北特色的优质农产品出口企业组成中国河北展团参展，主要涉及辣椒、大蒜等调味品及其他品类。展期均有几千人次对展团农产品进行详细咨询，河北省参展农产品出口企业收获丰硕。

2022年，在迪拜举办了中国河北特色优势农产品全球品鉴分享活动，河北省共组织30多家农产品出口企业进行了产品现场展示。中国驻阿联酋迪拜总领馆总领事、商务参赞，迪拜皇室顾问及当地政府官员，以及近50家阿联酋商超企业采购代表出席迪拜现场活动。近百家企业在线收看了活动直播。活动议程安排了领导嘉宾致辞、阿拉伯国家市场需求介绍、河北农产品推介、产品展示品鉴、产销对接洽谈等环节。

本次活动制作了阿拉伯语新闻、中阿双语活动短视频，在迪拜中阿卫视卫星频道新闻栏目《东方新视窗》播出，并在中阿卫视阿拉伯语官网、阿拉伯语官方海外社交媒体（Facebook、Youtube、Tiktok）发布；制作阿拉伯语版河北特色优势农产品宣传片，在迪拜中阿卫视卫星频道进行播放，连续播出30天（每天播放一次），同步在中阿卫视阿拉伯语官网、阿拉伯语官方海外社交媒体发布；在迪拜户外标志性建筑或公路两侧电子显示屏上播放河北特色优势农产品展示信息。

中国河北特色优势农产品全球品鉴分享活动开创了河北省农产品在境外国际化大都市现场开展宣传推介活动的先河。本次活动的最大亮点是，对河北特色优势农产品的宣传力度空前强大，宣传范围通过迪拜中阿卫视的卫星信号覆盖西亚和北非22个阿拉伯国家和地区近5亿人口，宣传时间持续1个月左右。

二、品牌管理保护情况

为健全完善河北农产品品牌培育、发展和保护机制，打造一批叫得响的"冀"字号农产品区域公用品牌和企业产品品牌，河北省主要开展了以下两个方面的工作：一是河北省出台并逐步完善《河北农产品品牌目录制度》。将全省具有一定影响力的农产品区域公用品牌、农业企业品牌，按照一定标准和程序，对产品种类、产地区域等进行征集、遴选、发布，实行动态管理，由河北省农业农村厅发布年度河北省农产品品牌目录名单，建立消费索引，面向社会推介，扩大河北农业品牌的影响力、知名度和市场占有率。截至目前，已连续组织七届河北农产品品牌评选活动，认定了一批省级农产品区域公用品牌和领军企业品牌。按照门类、功能等基础信息建立河北农产品品牌数据库，发布品牌索引，实行动态监管，构建优胜劣汰的准入和退出机制。各市、县逐步建立健全农业品牌监管机制，加强品牌授权管理和产权保护，加大假冒、滥用品牌行为惩治力度，强化品牌监管，规范农业品牌评估、评定、评价、发布等活动。二是建立河北省农业品牌线上虚拟展馆。以"河北农品 百膳冀为先"为主题，通过VR（虚拟现实）云技术手段设置多个展厅，分别介绍河北省农业概况、全省农业领军品牌、农业集群品牌、各地市农业品牌建设情况、未来规划等方面的内容，全方位展示了河北省近年来农业品牌建设方面取得的新成效，以更加立体的形象为广大消费者展现了河北农业品牌及相关产品。

农产品区域公用品牌建设分析报告

一、重点任务落实情况

（一）精品品牌培育工作推进情况（包括政策制定、机制建立、标准建设等）

为加快推进河北农业精品品牌培育工作，带动企业品牌和产品品牌协同发展，充分发挥农业品牌对全面推进乡村振兴的积极作用，河北省从举办各类展销活动、广泛宣传推广、品牌动态管理、品牌培育资金支持、培训工作等方面开展农业精品品牌培育工作。具体包括以下内容：①组织精品品牌参加"六进"活动。②组织精品品牌进行广泛宣传。③支持精品品牌做好品牌授权管理等相关工作。④做好精品品牌培育预算。⑤做好精品品牌培育工作的培训。

（二）组织河北农业精品品牌参加"六进"活动

组织"品味河北 冀启京彩"进京推介会暨河北"菜篮子"品牌农产品"六进"活动、河北"菜篮子"品牌农产品在京进社区进餐桌专题推介活动、河北品牌农产品北京"六进"行动暨环京蔬菜共建基地启动仪式、第七届京津冀品牌农产品产销对接活动、第六届京津冀蔬菜产业发展大会暨招商对接活动、"玉田供京蔬菜"产销对接暨京津冀农产品可持续发展大会、京津冀和东北地区采购商入冀采购对接会等活动，截至2022年8月底，共开展"六进"活动50场，年底前突破100场活动。

（三）组织精品品牌进行广泛宣传

河北省采取以下措施组织精品品牌进行广泛宣传：一是在农业农村部的"中国农业品牌"微信公众号平台宣传推广迁西板栗、平泉香菇、鸡泽辣椒和万全鲜食玉米农业精品品牌。二是通过北京广播电视台、《农民日报》、《北京日报》、《新京报》、《北京青年报》、新华网、人民网、央广网、中国农网、中国日报网、中国食品安全网、千龙网等10多家中央和市级媒体资源发布相关品牌产品介绍及活动报道500余条，总阅读（播放）量近500万次。三是在"河北农业品牌"微信公众号、抖音公众号发布30余条河北农业精品品牌及相关宣传视频，河北广播电视台经济生活频道联手京津冀推出《乡村振兴看河北 新鲜好菜 冀在心田》专题节目，重点覆盖京津冀地区。

（四）实施精品品牌动态管理

河北省农业农村厅按照《河北农产品品牌目录制度》对纳入品牌目录的农产品品牌主体，按照有关规定进行宣传推介和授权管理，实施动态管理。一是河北省农业农村厅形成《河北农业品牌目录》并统一组织发布，对入选的知名农产品区域公用品牌和企业品牌颁发品牌目录证书。二是对《河北农业品牌目录》实施动态管理，每年发布一次，有效期为三年，品牌所有者在期满前6个月可以提出延续申请。三是对《河北农业品牌目录》实行监测制度，每年进行监测发布，列入《河北农业品牌目录》的单位，应按规定于每年12月底前向河北省农业农村厅报送生产经营与品牌管理情况，自觉接受河北省农业农村厅的监督，河北省农业农村厅组织或委托第三方机构对列入目录的农产品品牌进行不定期评估。

（五）安排精品品牌培育预算

2022年河北省财政安排全省农业品牌建设资金4435万元，从社会影响力提升和品牌打造提升、社会宣传、渠道拓展三方面开展精品品牌培育工作。一是安排3535万元打造河北农业知名品牌，包含1400万元做特做实河北农业知名品牌规划，优化品牌顶层设计；1000万元做响做靓整体形象，提高推介传播声量；1135万元做深做广销售渠道，提升品牌营销能力。二是安排600万元支持脱贫和重点地区进行品牌提升和产销对接。三是安排300万元实施农业品牌社会影响力提升行动，举办河北省品牌农产品创新创意设计大赛、中国农民丰收节、河北农业品牌展销周活动，以及全省产业集群品牌、区域公用品牌、领军企业品牌等品牌认定、评选、发布活动。

（六）开展精品品牌培育相关培训

针对河北省农业系统和品牌主体举办多场农业品牌培训活动，提升农业农村系统领导干部和品牌主体负责人的农业品牌规划设计水平及品牌管理能力。培训活动邀请了农业系统品牌培育方面的专家以及专业机构的讲师，培训内容包括品牌目标、品牌定位、品牌分级、品牌形象打造、品牌保护、品牌升级、品牌评估等方面，全面系统地讲解了农业品牌培育的相关知识，并结合实例生动地展示了多个农业精品品牌培育的真实过程，同时组织专业团队深入各地及企业，在品牌规划、设计、咨询、评价及营销等方面出谋划策，进行一对一的专业指导和支持，提高全省农业品牌打造专业化水平。

二、脱贫地区品牌建设情况

出台《河北省2022年脱贫地区农业品牌建设工作方案》，大力实施脱贫地区农业品牌发展"三大行动"，即农业品牌设计创新和专业策划行动、农产品"河北品牌"宣传推广行动和农业品牌营销渠道拓展行动。按照"培树一批产业集群品牌，提升一批高端区域公用品牌，推出一批领军企业品牌，推广一批高端产品品牌"的思路进行链条式发展，突出"丰富、安全、绿色、优质"产品特色，加快构建"突出特色鲜明，进行集约打造，紧抓高端带动，促进集群发展"的品牌建设新格局。

（一）强化品质管控，夯实品牌基础

河北省采取以下举措强化品质管控，夯实品牌基础：一是完善品牌质量管控体系。推行食用农产品合格证制度，建立健全"从农田到餐桌"全程追溯机制，实现标准可查询、生产可监控、销售可追踪、产品可追溯。二是加强优质农产品认证管理。实施绿色食品、有机农产品认证，强化农产品地理标志登记保护培育，推行生态循环生产方式，提高全程质量管控能力。

（二）实施农业品牌设计创新和专业策划行动

河北省实施以下农业品牌设计创新和专业策划行动：一是做好脱贫区域公用品牌升级。对全省具有独特的区位、地理、气候、人文和生态条件，以及资源禀赋突出、品牌文化深厚、产业集聚明显等特征的品牌资源的脱贫地区进行区域公用品牌项目支持。二是做好企业领军品牌服务。举办针对脱贫地区企业的品牌专题培训，举办以企业领军品牌宣传推介、市场对接、合作共赢为主题的相关活动，组织农业品牌专家培训授课、推广新技术新理念等活动。三是做好品牌建设指导服务。通过举办全省品牌农产品创新创意设计大赛、农业品牌培训以及委托专业机构提供一对一咨询指导服务，提高脱贫地区农业品牌打造专业化水平。

（三）实施脱贫地区农业品牌宣传推广行动

河北省实施以下脱贫地区农业品牌宣传推广行动：一是打造脱贫地区品牌整体形象。以树立农产品"河北品牌"及脱贫地区品牌整体形象

为重点，把口号变成口碑，把形象变成效益，将脱贫地区品牌的建设重点转移到推介和营销环节，面向全国宣传推广，组织相关企业及采购商参加相关产销对接活动。二是做好脱贫地区品牌产品推介宣传。围绕全省重点打造的高端精品产品，参考南方北方、城市乡村、国内国际的不同市场、不同消费人群开展定位研究，按照集群类别形成高端精品产品品牌推介宣传策略，加强面向高端供应链和高端消费市场的宣传推广，提高品牌溢价能力以及以北京市为代表的一线城市高端市场影响力。三是拓展脱贫地区品牌宣传推广渠道。继续拓展电视、中央新媒体等平台渠道，加强在高铁站、机场等人口密集地区的广告投放，通过举办或参与形式多样的各类活动与展会，拓宽推广渠道。

（四）实施脱贫地区品牌渠道拓展行动

利用会展活动突出品牌推介。一是举办2022年河北省中国农民丰收节庆祝活动。组织脱贫地区农业品牌参加相关品牌展览和"金秋消费季"等相关活动，把2022年河北省中国农民丰收节打造成为展示河北省农业新成效、农村新变化、农民新面貌的重要平台，通过集中展示"三农"事业丰收硕果，为加快推进河北省现代农业发展、实施乡村振兴战略、实现共同富裕提供不竭动力。二是精准定位举办各类活动。以河北省特色优势产业为重点，加强不同地域消费人群、消费习惯、消费水平和地域差异的研究，调研河北省脱贫地区品牌农产品省外市场，开展产销精准对接，组织河北品牌农业展等专业展览，举办品牌论坛、品牌发布会、品牌推介会等活动。三是组织参加各类展会。组织脱贫地区农业品牌主体参加中国国际农产品交易会、中国（廊坊）农产品交易会、中国国际绿色食品产业博览会及相关国外农业展会等活动，组织专题宣传推广和产销对接，展示发展成就，举办农业品牌专题推介活动，提高品牌农产品销量，扩大品牌影响力。

瞄准市场需求，拓展品牌渠道。举办"采购商入冀 农产品出冀"专题营销活动。一是组织举办河北省品牌农产品万里行活动。以中高端市场为重点，引领脱贫地区品牌产品主动出击，瞄准需求，开拓市场，适应南北方不同消费特点，组织脱贫地区品牌主体参加在上海、北京、天津等地举办的河北品牌农产品万里行活动。二是在北京举办"品味河北""京津冀品牌农产品产销对接"等活动，组织脱贫地区品牌产品参加，加强面向餐饮供应链和高端消费市场的宣传推广。推动实施河北品牌农产品北京"六进"行动。着力提高河北省脱贫地区品牌农产品在京市场份额，与北京首农食品集团有限公司、北京新发地农产品批发市场、京东集团等建立稳定购销关系，在京实施品牌进京"进市场、进食堂、进超市、进饭店、进社区、进餐桌"的"六进"行动，针对北京餐饮、食堂、批发市场等不同市场需求进行"上门服务"，举办大型专题宣传推介活动。三是组织举办产销对接活动。发挥河北省品牌采购商联盟作用，引进品牌新理念、新思路、新方法，组织邀请大型采购商了解河北、认可品牌、签订大单，在京津冀、粤港澳大湾区、江浙沪、东北及西南地区分区域、分品种组织邀请相关电商企业、大型采购商、供应链企业、大型批发市场、媒体等举办各类交流对接活动。

组织举办脱贫地区品牌农产品产销对接活动。加大对河北省脱贫地区品牌建设和产销对接的支持力度，支持脱贫地区组织参加中国国际农产品交易会脱贫展以及进行品牌宣传推介，支持举办或参加其他农业展会、推介品鉴会、线上销售等产销对接活动，为脱贫地区农产品找卖点、找出路，实现精准对接，提高品牌价值。

三、地方实践亮点

可推荐3~5个单品类农产品区域公用品牌在品牌打造某个方面（核心竞争力提升、品牌协同发展、品牌渠道建设、品牌营销创新、品牌文化挖掘、品牌监管保护、品牌海外推广、品牌帮扶等）的实践亮点，每个品牌500字左右。

（一）迁西板栗：挖掘品牌文化，提升区域公用品牌内涵

迁西县作为中国板栗之乡，板栗栽培历史悠久，《诗经》《战国策》《左传》《论语》《史记》《本草纲目》《农政全书》等书都有记载。《战国策》中记载："燕国……南有碣石雁门之饶，北有枣栗之利，民虽不田作而足于枣栗矣。此所谓天府者也。"《史记·货殖列传》中记载："燕秦千树栗……此其人皆与千户侯等。"这里的"北"和"燕"即包括今迁西一带，说明迁西自古就是板栗的著名产地。迁西县目前还保留着敬栗祖、赏栗花、闻栗香、品栗宴、沾栗喜等系列民俗文化活动。多年来，迁西强力推进板栗产业发展，致力于普及板栗科技、传承板栗文化、构建交流平台，引领国内板栗产业发展。为全面系统地展示板栗的历史文化，于2011年落成中国板栗博物馆。该馆作为我国第一个以板栗为主题的博物馆，总占地面积38.6亩，主体建筑面积6828平方米，展区面积5000平方米，共包括中国板栗篇、迁西板栗篇、中国板栗文化篇、迁西板栗地域文化篇四个展厅，从板栗的植物学特征、经济价值、栽培管理、产业构建、文化民俗等方面进行全面展示，运用全息影像、多媒体互动、场景雕塑等多种布展手段，形成趣味互动的展观效果，让游客充分体味板栗世界的奥妙，以多元板栗文化提升迁西板栗区域公用品牌内涵。

（二）鸡泽辣椒：规划引领发展，提高区域公用品牌价值

区域公用品牌价值的提升是实现区域产业大发展的关键，面对当前国内辣椒产区众多、市场竞争激烈的严峻形势，鸡泽县政府聘请全国著名农本咨询专家，为鸡泽辣椒区域公用品牌进行顶层设计，规划编制了《鸡泽辣椒区域公用品牌发展战略规划》，指导鸡泽辣椒区域公用品

牌高质量发展。以鸡泽辣椒"光滑细长、尖上带勾"的特点为创意出发点，凸显鸡泽辣椒作为餐饮辣食调味品专业优势，设计了品牌形象，科学定位"鸡泽辣椒·大厨的秘密武器"为传播标志口号，实施了国家农产品地理标志登记保护，并在2019中国（廊坊）农产品交易会上进行发布，现场颁发了品牌授权使用证书，对全县辣椒加工企业品牌进行整合，统一标准、统一包装、统一推介。制定了鸡泽辣椒区域公用品牌使用准则，健全了品牌监督管理运营机制，抓品质、控质量、严准入，有效杜绝假冒产品以及商标使用不规范现象的发生，为鸡泽辣椒产业大发展奠定了坚实的基础，推动鸡泽辣椒产业步入高质量发展新阶段。通过在湖南韶山，河北石家庄、邯郸及鸡泽县当地连续举办多届辣椒节、丰收节、产销对接大会等各类推介活动，吸引全国各地客商了解鸡泽辣椒产业，推介鸡泽辣椒区域公用品牌。

（三）临城核桃：坚持产学研结合，强化区域公用品牌核心竞争力

临城县是中国优质薄皮核桃产业龙头县、中国薄皮核桃之乡，其中以河北绿岭有限公司为代表的企业，坚持走产学研结合道路，以自有核桃种植基地为依托，进一步扩大核桃种植规模以及研制、培育新一代核桃品种。加强与知名大专院校、科研院所的合作，丰富产品类型，延长核桃产业链条，建有河北省核桃工程技术研究中心，并先后与河北农业大学合作承担了中华人民共和国科学技术部（以下简称科技部）、中华人民共和国国家林业和草原局（以下简称国家林业和草原局）科技攻关项目10项，河北省科技项目15项；制定了薄皮核桃生产两个地方标准，成功选育出拥有自主知识产权的"绿岭"和"绿早"两个薄皮核桃新品种；多项科研成果达到国际先进水平，先后被中华人民共和国国家市场监督管理局（以下简称国家市场监督管理局）、国家林草局命名为"早

实核桃标准化示范基地",取得了"核桃青皮脱皮机"等20项专利。近年来,为调动农民积极性,临城县推行"龙头+合作社+农户"模式,以龙头企业示范引领,提供薄皮核桃相关种植技术,鼓励群众组建合作社,共同发展薄皮核桃产业,现在临城全县薄皮核桃合作社已达75家,核桃种植面积达27万亩,年产核桃6.8万吨,产值超过18亿元。

四、存在问题及建议

(一)品牌意识有待提高

一些地方政府和企业"重生产、轻品牌",对品牌建设认识不足,重视不够,导致有的特色农产品虽已具备一定名气,但有名无牌,缺乏统一的品牌、统一的包装;有的忽视品牌形象设计,包装"傻大黑粗",不适合市场特别是高端市场需求;有的缺乏应有的宣传打造,致使品牌知名度和品牌认知度低,无法发挥品牌附加值及增值效应。如在上海市江桥批发市场,河南麻山药售价1~1.5元/千克,河北省蠡县等地麻山药因为品质优、口感好,可售至2.5元/千克,但因缺乏自有品牌影响力,批发商需要给河北的麻山药加上河南铁棍山药的外包装进行销售。

(二)品牌结构有待优化

产品多、品牌少,种植、养殖和初加工产品品牌居多,深加工和高端产品品牌较少,国内外知名品牌更少,品牌杂、散、小、弱的问题比较突出,缺乏像安吉白茶、阳澄湖大闸蟹这样的叫得响的区域公用品牌,冀农拳头品牌还未形成,品牌溢价能力不足。

在2017年中国农产品区域公用品牌价值排行前200名中,山东省入选的品牌有34个,河北省入选的品牌仅有4个,其中迁西板栗、宣化牛奶葡萄、平泉香菇、宽城板栗全国排名分别为第84、99、161、176位。

在2022年中国区域农业产业品牌影响力指数排名前100位中，海南省入选的品牌有10个，山东省、福建省各8个，安徽省6个，湖南省5个，江苏、宁夏、河南、陕西、辽宁、贵州、山西省（自治区）各4个，广东、吉林、云南、湖北、广西、新疆、甘肃省（省治区）各3个，黑龙江省2个，重庆、西藏、青海、江西、内蒙古省（市、自治区）各1个，河北省未有品牌入榜。

（三）品牌影响力有待提升

区域品牌不够强，企业品牌不够响，产品品牌不够亮，品牌知名度局限在当地和省内，在全国有影响力或被人熟记的农产品少之又少。缺乏龙头带动、组团出击、集中打响品牌的合力。山东省从2013年开始，每年投入约2000万元，集中打造整体品牌形象，设计推出了山东农产品整体品牌形象标识、品牌LOGO、"齐鲁灵秀地 品牌农产品"宣传口号等，并在中央电视台进行宣传推介。

（四）政府支持力度有待加大

早在2014年，海南省就设立了每年1亿元的品牌农业专项资金，黑龙江省每年投入2亿元用于品牌打造。2016年，潍坊市安排投入1.23亿元支持农业品牌发展。江西省、湖北省年投入1亿元做强农业品牌。山东省建立了由省农业农村厅牵头，省委宣传部、省发展和改革委员会、省经济和信息化委员会、省科学技术厅、省财政厅、省海洋与渔业厅、省林业厅、地方税务局、省市场监督管理局、省农业科学院、省供销合作社等部门参加的联席会议制度，协调、统筹全省农产品品牌建设工作。

五、工作计划

河北省将继续坚持以市场需求为导向，以提高农业质量效益和竞争力为中心，实施农业品牌重点突破，打好品牌发展"组合拳"，以品牌化带动农业产业结构、品种结构和生产结构调整优化，促进农业农村经济转型升级，助力乡村振兴战略实施。

（一）夯实农业品牌发展基础

河北省采取以下措施夯实农业品牌发展基础：一是提升品牌农产品品质。建立健全品牌农产品标准体系，建立农业标准化生产示范体系，加快完善品牌农产品质量认证和检测体系，建立健全质量安全监管体系。推进标准体系和质量安全追溯体系建设，打造"河北质造"靓丽名片。省级围绕大宗特色产品、出口产品和道地中药材等特色优质产品制修订省级地方标准，重点完善质量标准体系，兼顾生产、加工技术规程，带动品牌农产品外观指标、营养指标、卫生指标和安全品质的全面提升；完善省级产品质量追溯平台，建立起全程质量追溯体系，全面加强质量管控；市级以制修订本市农产品质量标准和生产技术规程为重点制修订市级地方标准，为地方农业品牌发展提供标准支撑。县级完善农产品质量安全检测机构检测手段，提高产地公共检验能力，着力推动企业建立健全标准体系，鼓励和引导企业加快制定种养技术、加工流程、质量检验、销售服务等技术标准。二是加强绿色、有机和地理标志认证与管理，强化农业品牌原产地保护，引导支持市、县政府和行业协会申请地理标志，注册集体商标、证明商标，创建区域公用品牌。加快培育壮大农业企业、农民专业合作社、家庭农场等农产品品牌创建主体，充分发挥其在品牌建设中的主体作用，积极引导农业产业化龙头企业、农民合作社示范社、示范性家庭农场等市场主体申请注册商标，培育发展自主品牌。三是鼓励现代农业产业化联合体整合资源，打造优势品牌，促进龙头企业与农民合作社、专业大户和家庭农场实现品牌共建共享。四是邀请国内知名农业品牌专家及农业系统内专业人士，采取普惠式轮训与精准式培训相结合的方式，加大农产品品牌建设培训力度。

（二）突出品牌培树重点

1.在省级层面

重点围绕水果、蔬菜、马铃薯、中药材、食用菌、畜禽产品六大品类特色主导产业以及梨、苹果、葡萄、蔬菜、香菇5个重点优势品种进行品牌培树，叫响"冀字号金字招牌"。一是推出一批高端品牌。以影响力较强、市场前景广阔、适合高端消费的区域公用品牌及农业企业品牌为重点，推出20个高端农业品牌，进行品牌营销策划，对接北京、上海、广州、深圳等高端市场，加大品牌宣传推介，以质促销，实现高品质、高利润，提升农业品牌溢价能力。二是提升一批优势品牌。以特色优势明显、带动力强的省级区域公用品牌为重点，加强创意设计，进行提档升级，提升产品市场影响力和品牌知名度。三是培育一批潜力品牌。以市县积极性高、发展前景良好的区域公用品牌为重点进行创意打造、培树培育，塑造品牌形象，拓展销售市场。四是发展一批企业品牌。围绕小麦、玉米、油料等十大优势产业，以省级以上农业产业化龙头企业为重点，安排专项资金引导企业在品牌创建、质量追溯体系建设和品质研发三方面加大投入力度，打造一批在国内外具有较强市场竞争力的农业领军企业品牌，形成一批影响大、价值高、带动强的领军企业品牌。

2.在市级层面

各市围绕集中连片特色优势区，重点打造4~5个市级区域公用品牌，对已有市级以上品牌进行再提升，优选部分县级区域公用品牌、企业品牌予以重点支持。

3.在县级层面

各县（市、区）发挥各自产业优势，每县（市、区）重点培育1~2

个区域公用品牌、若干企业品牌和一批特色农产品品牌，按照"一品一策""一企一策"的思路，精心制定品牌培育推广方案，推行差异化、针对性的品牌创建策略。

（三）加强品牌设计创新

借鉴工业设计理念，强化农业品牌创意塑造，全面提升农产品品牌科技含量，大力提升品牌农产品内在质量和外包装水平。举办各类河北农业品牌创意大赛活动，为品牌建设主体搭建与品牌机构、品牌专家交流对接的平台。省、市、县联手拿出一批重点打造、提升的区域公用品牌，汇集、整合各类品牌机构、品牌专家，根据不同需求，按需匹配服务机构和服务专家，通过一对一、一对多、多对一对接洽谈，以及农业品牌设计展览、农业品牌专家大讲堂、现场咨询等形式，帮助把脉问诊、解决问题，对有深度需求的市、县开展延伸服务，进行包装设计、创意打造和市场营销推广策划，提升特色品牌与特色产品的形象、辨识度和溢价能力；同时以"冀在心田"为核心，公开征集河北农业品牌名称、宣传口号和形象标识，通过主题深刻、易读、易记、朗朗上口的名称与宣传口号，简明扼要、新颖独特、认知度高、视觉形象鲜明的形象标识，充分体现河北的历史、人文、地理及农业优势，打造整体农业品牌形象。

（四）提升品牌营销能力

以消费需求为导向，以优质优价为目标，多维度开展营销服务活动，推动传统营销和现代营销相融合，创新品牌营销方式，促进产销衔接、线上线下营销、新零售渠道拓展。一是充分发挥农业会展平台作用。按照"突出品牌、突出重点、突出规模、突出特色、突出实效"的整体思路，组织举办河北省品牌农产品产销对接会等活动，积极参加各类影响力大、展示推介效果明显的农业展会和产销对接会，提前了解品牌主体需要，提前谋划筹展思路，创新办展模式，扩大品牌影响力，拓宽流通渠道。支持有条件的农业企业"走出去"，鼓励其参加国际知名农业展会，提升冀产农业品牌的影响力和渗透力。二是推动实施河北农产品北京"六进"行动。联合北京市商务局、北京市农业农村局等相关部门，针对北京市场举办多场专题宣传推介活动，与北京市共同组织河北农产品进市场、进食堂、进超市、进饭店、进社区、进餐桌"六进"行动，提高细分市场占有率。三是充分发挥河北优质农产品展销平台作用。进一步完善北京新发地河北优质农产品展销中心运营机制，拓展其资源整合和平台对接功能，在常年展示展销基础上，按照地域特点、上市时令、市场规模等情况，适时举办系列推介和产销对接活动。以展销中心为依托，探索品牌农产品推介宣传及网络零售新方式，促进河北省品牌农产品在京市场的直营直销。四是进一步提升品牌农产品万里行活动实效。按照"省市联动、市场运作、整体包装、组团推介、精准对接、立体宣传"的思路，拓展一线城市展销窗口，适应南北方不同消费特点，举办专题产销对接活动。举办河北梨、河北葡萄等系列集群品牌单品销售周活动。五是拓宽品牌农产品营销渠道。鼓励引导农业品牌主体拓宽农超对接、农企对接、农批对接等营销渠道，减少中间环节，降低流通成本。加快发展社区直营、直销专柜和高端宅配直销渠道。发挥好河北省休闲农业和美丽乡村资源优势，加强特色农旅产品和区域公用品牌形象宣传，打造农业"后备箱经济"，促进农产品产地直销。六是推动河北品牌农产品进入全国大市场。利用线上主渠道增加网络销售。与京东商城等电商平台开展战略合作，支持品牌主体上线，开设"金牌"店铺，举办促销活动开展电商促品牌相关活动，培育"网红"农产品品牌，促进品牌线上销售。

（五）扩大农业品牌影响力

在国内外营造河北农业品牌的宣传氛围，通过各种传统和现代化宣传推介手段向全社会进行品牌推广。一是继续在公交、LED大屏等媒体进行全方位、立体化、无死角的品牌宣传，精准受众分析，提高收视效果，进行广告投放分析研究，扩大宣传广告实效。加大通过新媒体、短视频等形式进行品牌宣传和服务的力度，宣传典型案例，讲述品牌故事，推广特色优势品牌。二是利用中国农民丰收节、中国国际农产品交易会、中国（廊坊）农产品交易会等平台，通过会场广告、LED屏幕、3D虚拟现实、发放免费品鉴等多渠道宣传河北省农业品牌。三是全省组织开展"我最喜爱的河北农产品品牌"、河北省农产品区域公用品牌和企业领军品牌认定等活动，搭建社会各界参与农产品品牌展示、宣传和孵化的平台，营造全社会参与、支持农产品品牌创建孵化的良好氛围，提升"冀"字牌农产品形象，推动实现产品溢价，扩大农产品品牌社会影响力。四是组织举办"我为河北农业品牌讲故事""我最喜爱的河北农产品品牌"评选、"我为家乡农产品品牌代言"等系列活动，出版农业品牌系列丛书，加强面向社会大众的宣传推广。五是通过拍摄、播放河北农业品牌宣传片、发放农业品牌宣传册、编印杂志等传统手段向全社会各阶层普及河北农业品牌知识、讲述河北农业品牌故事、宣传河北农业品牌优势，提高全社会学品牌、懂品牌、认品牌和购品牌的认知度。

分论一

石家庄：品牌农业助力脱贫地区产业振兴

为加强脱贫地区特色优质农产品产销对接，促进脱贫地区农产品出村进城，石家庄市以品牌农业为抓手，通过打造区域公用品牌、提升企业品牌实力、联合立体营销推广等措施，有效提高脱贫地区农产品品牌溢价能力以及以京津为重点的市场影响力和占有率，促进脱贫地区农民增产增收，为脱贫地区乡村振兴奠定坚实的产业基础。

一、向品牌要价值：石家庄夯实脱贫地区农业高效发展基础

太行山区曾经是我国确定的14个集中连片特困地区之一，也是石家庄优质农产品集中地区。2022年是巩固脱贫攻坚成果的关键之年，通过发展品牌农业促进以太行山区为代表的石家庄脱贫地区农业高效发展，成为该市重点考虑和推动的工作。

（一）积极培育市级农业品牌

2022年，石家庄市组织开展了农产品区域公用品牌和农业企业品牌评选活动，按照企业自主申报、县级初审、市级复核、组织专家评审的程序，认定市级农产品区域公用品牌23个、市级农业企业品牌40个，其中最佳农产品区域公用品牌10个、优秀农产品区域公用品牌10个，最佳农业企业品牌10个、优秀农业企业品牌10个。获得区域公用品牌较多的平山、藁城、晋州等地均是脱贫地区，是品牌农业重点支持发展的区域，有力提升了上述地区的农业发展质量。

石家庄市"十佳"市级农产品区域公用品牌和企业品牌名单，如表1所示。

表1　石家庄市"十佳"市级农产品区域公用品牌和企业品牌名单

序号	"十佳"区域公用品牌 品牌名称	序号	"十佳"企业品牌 企业名称
1	赵县雪花梨	1	河北君乐宝乳业集团有限公司
2	藁城宫面	2	石家庄洛杉奇食品有限公司
3	晋州鸭梨	3	河北联兴佳垚农业科技有限公司
4	藁城宫米	4	河北天洋农业开发有限公司
5	晋州黄冠梨	5	河北同福健康产业有限公司
6	平山元坊苹果	6	河北惠康食品有限公司
7	新乐西瓜	7	辰雨河北食品股份有限公司
8	石家庄太行鸡	8	河北雄瀚农产品股份有限公司
9	平山食用菌	9	河北枣能元食品有限公司
10	元氏石榴	10	河北长城果品股份有限公司

（二）全力打造高端农业品牌

2022年石家庄市积极申报农业农村部农业品牌创新发展典型案例、农业品牌目录和省级农业品牌，共有6个农产品品牌被评为省级农业品牌（其中区域公用品牌3个，企业品牌3个），数量居全省首位。高等级的农业品牌不但提高了脱贫地区农业产业化综合实力，也为优质农产品进京进津提供了便利，有利于脱贫农户持续稳定增收。

石家庄市省级区域公用品牌和省级企业品牌统计，如表2所示。

表2　石家庄市省级区域公用品牌和省级企业品牌统计

序号	省级区域公用品牌	省级企业品牌
1	赵县雪花梨（国家级）	河北君乐宝乳业集团有限公司

续表

序号	省级区域公用品牌	省级企业品牌
2	平山元坊苹果（国家级）	石家庄洛杉奇食品有限公司
3	晋州鸭梨	河北联兴佳垚农业科技有限公司
4	藁城宫米	河北天洋农业开发有限公司
5	晋州皇冠梨	河北双鸽食品股份有限公司
6	藁城宫面	河北大桓渊农业科技有限公司
7	新乐西瓜	辰雨河北食品股份有限公司
8	石家庄太行鸡	河北雄瀚农产品股份有限公司
9	平山平菇	
10	鹿泉苹果	

（三）积极开展品牌宣传推介活动

该市在石家庄交通广播《946爱帮忙》节目中开设"我的家乡有好物"直播栏目，开展"获奖农业品牌县局长走进直播间"和视频直播宣传活动。每周邀请获奖县（市、区）主管农业副县长、局长做客石家庄广播电视台交通广播直播间，交通广播抖音号、微信视频号同步直播。直播团队相继走进农业品牌生产基地（田间地头）、生产厂家，通过网络直播的方式，开展特色农产品直播推介活动，并在微信视频号、抖音、快手、"无线石家庄"App等几大平台同步播出。联合河北广播电视台农民频道，做好《冀农精品》栏目中石家庄市品牌农产品的宣传拍摄工作，截至目前已完成赞皇蜂蜜、芽球玉兰、晋州鸭梨、赵县雪花梨等20期节目的拍摄，正在陆续播出。

（四）重点做好品牌农产品产销衔接

2022年，该市组织农产品企业参加东方甄选平台展示对接，组织农产品企业参加河北省品牌农产品万里行（广州站）活动，河北梨生产企业与客户进行了现场签约，就下一步合作达成了意向。组织农产品企业参加河北省品牌农产品万里行（西安站）线上活动，拓宽产销渠道，扩大石家庄市品牌影响力。

二、以创新谋发展：石家庄推动品牌农业发展的实践经验

（一）加强组织领导，营造良好品牌建设发展环境

该市先后出台了《石家庄市农产品区域公用品牌建设推进实施方案》《"石家庄市农产品区域公用品牌"及"石家庄市农业企业品牌"评选活动方案的通知》《石家庄市2022年农业品牌建设工作实施方案》《关于全面推进乡村振兴 加快农业农村现代化的实施意见》等，对相关的品牌建设工作加强政策和资金扶持，保障了农产品品牌发展的可持续性，激发了农产品生产企业品牌建设的积极性。

（二）实施行业认证，助力农业品牌持续生长

近年来，该市农产品检测合格率持续保持在98%以上，截至2022年年底，共有17个企业的35个产品获得国家绿色食品证书，绿色食品认证企业达到66家单位、177个产品，为石家庄市农业品牌发展壮大起到了示范引领作用。近年来，该市发展壮大了一批具有深厚文化底蕴、鲜明地域特征的地理标志性农产品品牌，藁城宫面、藁城强筋麦、晋州鸭梨、赵县雪花梨、行唐大枣、灵寿金针菇、灵寿丹参、平山绵核桃、平山黑木耳、新乐西瓜、赞皇大枣、鹿泉香椿等获批地理标志农产品。君乐宝乳业乳制品、双鸽肉制品、金凤扒鸡、华泉罐头、沃尔旺饮料5家获批国家知名商标。

（三）加强有效监管，实现品牌农产品全程可追溯

该市从"抓源头、管生产、严追溯"入手，利用互联网技术，依托

石家庄市农业大数据中心，在元氏县先行开展试点，推进农业投入品备案管理、农产品质量安全监测、农产品二维码追溯三个系统的建设，全县219家农资经销店被纳入监管平台，31家县域重点企业74种农产品的投入品、生产过程和二维码追溯被纳入系统进行监管，实现了从田间到餐桌的全程监控。目前，这一经验正逐步向栾城区、藁城区、晋州市等17个县（市、区）推广，为提升该市脱贫地区农产品质量、提高农产品品牌市场竞争力提供了可靠保障。

（四）技术支持品牌，积极为脱贫地区农业品牌引智

石家庄市积极开展技术帮扶行动，如农业品牌专家培训授课，新技术、新理念推广，等等。2022年以来，石家庄市共建成19个专家服务基层示范基地，覆盖全市17个农村县（市、区），按照每周一个主题、每县一个特色，持续开展"百名专家服务基层"活动。石家庄市人力资源和社会保障局联合市农林科学研究院组织了"农科专家太行行"专项行动，专门为石家庄市西部太行山脱贫地区的农业发展、农民增收提供人才智力支撑，示范推广最新的农业品种和关键技术，为当地农户送技术、送服务，以点成线、以线带面，为太行山脱贫地区农业发展和农业品牌建设提供技术支撑。

三、以品牌促振兴：石家庄脱贫地区农业品牌提升的政策建议

（一）坚持以品牌农业推动脱贫地区发展的行动方向

立足石家庄市脱贫地区丰富的特色农产品资源，把品牌农业作为推动脱贫地区农业高质量发展和乡村振兴的重要抓手，大力实施农产品"石"字号品牌宣传推广行动和农业品牌营销渠道拓展行动。按照"培树一批产业集群品牌，提升一批高端区域公用品牌，推出一批领军企业

品牌，推广一批高端产品品牌"的思路进行链条式发展，在脱贫地区形成集群式农业品牌集聚高地。

（二）完善面向脱贫地区的农业品牌发展政策体系

针对石家庄市脱贫地区的资源、区位、交通等基本条件，从融资、税收、土地、人才、营销等方面，制定一揽子政策，突出"丰富、安全、绿色、优质"产品特色，大力支持脱贫地区农业品牌发展，加快构建脱贫地区"突出特色鲜明，进行集约打造，紧抓高端带动，促进集群发展"的品牌建设新格局。

（三）优化脱贫地区农业品牌结构

对石家庄市脱贫地区资源禀赋突出、品牌文化深厚、产业集聚明显的品牌资源进行区域公用品牌项目支持。以县级为主体，培树一批省级农产品区域公用品牌，支持以产业集群范围内的农产品品牌为主的区域公用品牌培树提升。优化脱贫地区农业品牌结构，提升国家级、省级区域公用品牌数量与质量，加大绿色农产品、有机农产品的认证力度，有效提升农业品牌含金量。

（四）扩大脱贫地区农业品牌影响力

加大对脱贫地区品牌建设和产销对接的支持力度，按照省厅统一安排部署，积极组织平山、行唐、灵寿、赞皇等县参加中国国际农产品交易会脱贫展销及品牌宣传推介活动，组织脱贫县参加省厅组织的其他农业展会、推介品鉴会、线上销售等产销对接活动，为脱贫地区农产品找卖点、找出路，实现精准对接，提高品牌价值。

邯郸市："四位一体"擦亮"京津菜园"金字招牌

品牌强农是加快农业高质量发展、建设农业强市的重要抓手。近年来，邯郸市认真贯彻落实中央决策部署和省、市工作要求，围绕做好"土特产"文章，大力实施农业品牌战略，统筹资源、科学谋划，积极在宣传推介、平台载体、品牌基础等方面进行实践创新，不断提升邯郸农业品牌美誉度和影响力，以"品优味鲜·京津菜园在邯郸"为主题，推动邯郸"京津菜园"农业品牌形象在北京乃至全国叫响擦亮。

一、古赵今邯："京津菜园"农业品牌基础条件优良

邯郸市位于河北省南部，西依太行山脉，东接华北平原，与晋、鲁、豫三省接壤，辖6区、11县、1个县级市，总面积约1.2万平方千米，耕地面积909.46万亩，永久基本农田836.1万亩，共有242个乡（镇、街道）、5849个村（社区）。

邯郸平原广阔，沃野千里，有农耕、商贸之便利。纵跨东经113°25′—115°30′，横立北纬36°05′—37°01′，版图如梯形，下立华北平原，上搭太行高峰。以京广铁路为界，西部为中、低山丘陵地貌，东部为华北平原。海拔最高1898.7米，最低32.7米，相对高差1866米，总坡降为11.8‰。邯郸有着适宜农业发展的气候条件，属暖温带半干旱半湿润大陆性季风气候，四季分明，雨热同季，干湿季节明

显，光能资源丰富。年平均降水量500~600毫米，且多集中在夏季七、八月份，降水量占全年降水量的65%左右。年平均气温12.5℃~13.3℃，无霜期180~205天，适宜一年两熟作物的生长。农作物主要气象灾害有旱、湿、风、雹、干热风、霜冻和低温连阴雨等。

邯郸历经数千年峥嵘岁月，形成了厚重的历史文化，是世界粟（谷子）和黍的发源地，也是中国家鸡和中原核桃的最早发现地。邯郸的先人在鼓山东麓、南洺河北岸的台地上开始了原始农业生产，他们以石镰、石铲、石刀、石斧与柳叶形石磨盘为生产工具，种植粟，饲养狗、猪等家畜，兼事渔猎，成为中华农耕文明的源头之一，被考古界命名为"磁山文化"。在此后漫长的农业历史发展中，邯郸广阔的地理环境为其农业发展提供了良好的条件。

邯郸是农业大市，农业资源丰富，全市划定粮食生产功能区小麦528万亩、玉米479万亩，重要农产品生产保护区棉花60万亩，如图1所示，是全国重要的商品粮生产基地和粮食核心产区，是全国整建制推进粮食高产创建试点市，素有"北方粮仓""冀南棉海""京津菜园"之美誉。

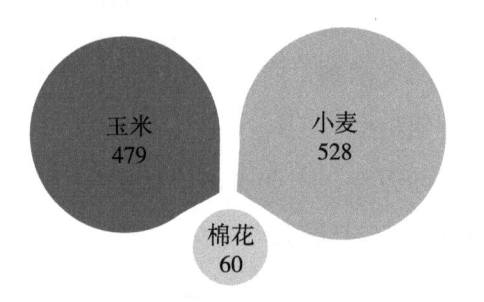

图1 邯郸市主要农作物种植面积（单位：万亩）

二、多方突破："京津菜园"农业品牌发展成效显著

（一）农业品牌保有量大

截至2022年年底，邯郸市总计拥有农产品区域公用品牌22个（其

中省级农产品区域公用品牌16个)、农业领军企业品牌21个(其中省级农业领军企业品牌10个),"省"字号农业品牌数量居全省第二位。此外,全市共计培育打造具有发展潜力的县级区域公用品牌15个,为进一步打造市级、省级区域公用品牌奠定了坚实的基础。邯郸市农业品牌保有量统计,如表3所示。

表3 邯郸市农业品牌保有量统计

品牌类型	品牌级别	品牌数量（个）	品牌名称
区域公用品牌	省级	16	武安小米、永年蔬菜、鸡泽辣椒、魏县鸭梨、大名小磨香油、涉县核桃、邱县蜂蜜红薯、馆陶黄瓜、成安草莓、邱县文冠果、邱县羊肉、涉县柴胡、魏县杏鲍菇、曲周小米、肥乡番茄、永年葡萄
	市级	6	馆陶黑小麦、大名花生、曲周种苗、邯山仙桃、邯郸经开区叶菜、丛台冬枣
领军企业品牌	省级	10	五得利面粉集团有限公司、华裕农业科技有限公司、河北企美农业科技有限公司、晨光生物科技集团股份有限公司、河北家丰植物油有限公司、河北美临多维粮油贸易有限公司、河北光牌面业有限公司、河北鼎康粮油有限公司、河北康远清真食品股份有限公司、河北天赐调料有限公司
	市级	11	河北奥贝斯食品有限公司、河北天旭生物科技有限公司、邯郸市金益农生物科技开发有限公司、馆陶县月青农业科技有限公司、河北兴科农业科技开发有限公司、鸡泽县湘君府味业有限责任公司、馆陶六和食品有限公司、邯郸市永年区现海葡萄专业合作社、邯郸市康源种植有限公司、河北绿珍食用菌有限公司、河北京馨泉食品有限公司

（二）农业品牌质量较高

立足丰富的特色农产品资源，邯郸市重点培育壮大10个特色优势产业集群，创建了鸡泽辣椒、涉县核桃两个国家级特色农产品优势区和18个省级特色农产品优势区。全市农产品注册商标9576个（其中18个中国驰名商标）。全市拥有7个农产品地理标志登记产品，包括磁州白莲藕、成安草莓、肥乡圆葱、黄粱梦小米、鸡泽辣椒、曲周小米、涉县柴胡。截至2022年年底，全市通过农产品"两品一标"产品认证322个，其中，绿色食品认证139个产品，有机农产品认证162个，地理标志农产品认证21个，如图2所示。

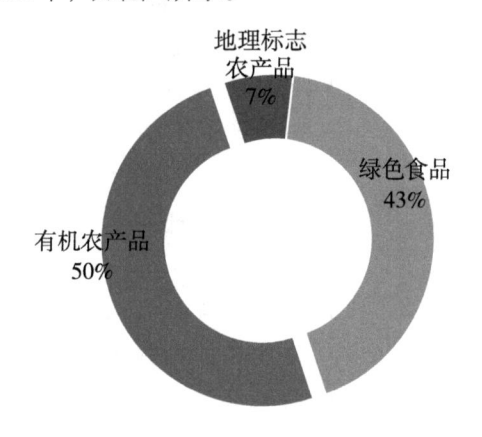

图2 邯郸市"两品一标"产品认证统计

（三）农业产业化已见成效

按照"打造产业集群品牌、提升高端区域公用品牌、推出领军企业品牌"的思路，2022年邯郸市重点提升了强筋麦、蔬菜和小米等产业集群品牌。全市拥有邯郸市（馆陶）金凤禽蛋农贸批发市场、邯郸（魏县）天仙果菜批发交易市场、邯郸市蔚庄农产品市场有限公司、邯郸市农业科技贸易城农副产品批发市场、邯郸联邦农产品物流集团有限公司

5个农业农村部定点市场。全市拥有524个市级以上农业产业化龙头企业，其中10个国家级龙头企业（见表4）、110个省级龙头企业。全市创建市级以上现代农业园区77个，其中国家级2个、省级24个。

表4　邯郸市国家级农业产业化龙头企业名单

企业名称	所在区域	企业类型
五得利面粉集团有限公司	大名县	面粉加工类
华裕农业科技有限公司	经济开发区	养殖及蔬菜加工类
邯郸市（馆陶）金凤禽蛋农贸批发市场	馆陶县	市场流通类
鸡泽县湘君府味业有限责任公司	鸡泽县	蔬菜加工类
晨光生物科技集团股份有限公司	曲周县	蔬菜加工类
河北兴龙粮食生化集团有限公司	曲周县	粮油加工类
河北企美农业科技有限公司	永年区	蔬菜加工类
河北鼎康粮油有限公司	邯山区	粮油加工类
河北美临多维粮油贸易有限公司	临漳县	粮油加工类
河北康远清真食品股份有限公司	邱县	肉制品加工类

（四）仓储保鲜设施持续发力

仓储保鲜设施是保障农业高质量发展的重要基础设施，目前全市共建设农产品产地冷藏保鲜设施168个，并持续加大投入力度。2020年下达资金3936万元（2021年收回322.3万元），支持55个主体建设73个设施，补贴资金2287.9万元；2021年下达资金1483万元，实际支持43个主体建设95个设施，补贴资金2208万元；2022年，下达资金1200万元，为邱县省级整县推进项目。

（五）农业品牌影响力逐年增强

邯郸市3个农业品牌具有世界影响力。五得利面粉集团有限公司已发展成世界产销量第一的面粉加工企业，在2018年中国品牌价值评价信息发布榜单上位列中国农业榜单第一名，品牌价值54.13亿元；晨光生物科技集团股份有限公司已发展成全球最大的植物色素生产商，其辣椒红色素产量占全球产量的80%；华裕农业科技有限公司拥有30个养殖基地，现饲养祖代种鸡12万套、父母代种鸡300万套，年可生产雏鸡2.5亿只，已成为具有世界影响力的蛋种鸡领军企业。

三、"四位一体"："京津菜园"农业品牌建设的先进经验

（一）强化宣传推介，构建多元营销平台

邯郸市以"品优味鲜·京津菜园在邯郸"为主题，以"高端媒体＋本地媒体＋新兴媒体"打造全方位、立体式宣传推广机制，全渠道、矩阵式对邯郸农业品牌开展营销宣传。

1.高端媒体引领

依托中央媒体权威性高、覆盖面广的特点，在中央电视台财经频道《第一时间》栏目、中央电视台农业农村频道，以图片、宣传片进行展示，年收看量达4.4亿人次。利用品牌工作专项资金，在中央电视台综合频道《新闻联播》开播前10分钟黄金时段、中央电视台农业农村频道相关广告时段，播出"鸡泽辣椒"区域公用品牌宣传片。借助北京西站和首都地铁站营运规模大、国内外旅客聚集的优势，在北京西站北1出站口、北2出站口和北京国贸地铁站入口广告大屏投放宣传片，年观看量超过1亿人次。

2.本地媒体呼应

在邯郸东站（LED车次显示屏）连续播出邱县蜂蜜红薯、鸡泽辣椒、大名小磨香油和永年蔬菜等省级区域公用品牌宣传片（每个品牌每次10秒，每天轮播150次），收到了很好的效果。

3.新兴媒体配套

以承办省厅品牌建设项目为契机，举办寻找河北农品带货王大赛，通过分区选拔、大赛颁奖等环节，全面提升邯郸农业品牌在全省的知名度；同时，以抖音作为新媒体平台，制作区域公用品牌宣传短片，通过"网红达人"进行强力推广。利用投流技术将宣传视频精准推送到北京丰台区（北京新发地农产品批发市场所在地）、邯郸地区，受众每日达10万人次以上。

（二）强化数字赋能，打造品牌管理平台

邯郸市以数字技术为依托，构建"双圈"（数字支撑圈和产品体系圈）、"双层"（管理层和生产销售层）、全过程（农产品生产、推广、销售）的数字化管理平台。

1."永不落幕"展销平台

依托线上平台，打破时空壁垒，为邯郸农产品搭建展示"橱窗"和产销精准对接平台，持续推介邯郸农产品区域公用品牌和领军企业品牌，拓展农产品和农业企业营销渠道。

2."智慧大脑"决策平台

邯郸市对农产品宣传、销售、价格数据进行线上抓取，进行全面市场监测和农产品价格预测分析，同时对数据按照时间、空间、属性进行统计分析，为管理者提供决策依据。

3."源头活水"赋能平台

邯郸市集聚各类金融机构入驻管理平台，开通"银企直通车"，构建共享开放的金融服务超市，为农业企业、农民专业合作社、种养大户、家庭农场等农业经营主体开展保险、融资、担保、信贷等金融服务。

（三）强化产销衔接，搭建品牌推广平台

以"让优质农产品卖得出、卖上好价钱"为目标，坚持"引进来、走出去"，助推农产品销售，促进农民增收。

1. 以会为媒，引"客"入邯

邯郸市连续举办三届农业品牌宣传推介会，大会内容包括邯郸农业品牌评选活动启动仪式、企业代表推介、企业与经销商签约仪式等，活动邀约京津冀地区大型采购商、连锁超市、农产品批发市场、餐饮企业参加，促进产销对接，提高邯郸农产品品牌知名度和市场认可度。通过举办展会，推动永年"喆兴"口感番茄、馆陶"翟庄黄瓜"等10个产品被评为"河北省蔬菜精品"。

2. 组团推介，送"品"出邯

利用全国大型展会、全省推介会契机，组织农产品企业走出去，进一步擦亮邯郸名优农产品品牌。2020—2022年带领永年蔬菜、大名小磨香油等省级区域公用品牌的11家核心企业参加了"品味河北"进京推介会、河北"菜篮子"品牌农产品北京"六进"活动，与多家北京餐饮企业达成合作。积极组织农业品牌企业参加部省举办的各类展会，全面推介邯郸农产品品牌，收到了较好的效果。例如，成安草莓荣获第二十二届中国绿色食品博览会金奖，武安有机小米荣获第十五届中国国际有机食品博览会优秀奖。

近年来，邯郸市组织全市农业企业参加河北品牌农产品万里行（深圳站）活动、中国·廊坊国际经济贸易洽谈会（网上）展会活动、河北省线上直播销售、农产品区域公用品牌热销暨中国品牌农产品展销庆丰收活动、第二十四届中国（廊坊）农产品交易会、2020年河北品牌农产品专题推介会暨第十届上海国际现代农业品牌产品展览会以及在重庆市举办的第十八届中国国际农产品交易会等。据不完全统计，全市参展

品牌企业达100余家（次），参展品牌农产品达120余种（次），直接签约金额约706万元。

3. 重点宣传，兴"品"扬邯

结合邯郸市3个特色优势产业集群和精品基地建设，配合省厅举办以"农业企业领军品牌宣传推介、市场对接、合作共赢"为主题的综合性大型活动，具体内容包括"一村一品"展示、中央厨房展览展示、产业集群产品推介、农业品牌专家培训授课、新技术新理念推广等，进一步提升邯郸市重点农业企业品牌意识，宣传新品牌、新产品，做好品牌支撑，增强品牌优势。

（四）强化发展基础，夯实品牌增效平台

大力推进农产品品种培优、品质提升、品牌打造和标准化生产，提升特色农产品产业和市场竞争力。

1. 打造优势农业产业集群

深入推进农业结构调整"三带七区"工程，强筋小麦、道地中药材等十大特色产业集群快速发展，建成鸡泽辣椒、涉县核桃两个国家级特优区及18个省级特优区，创建市级以上现代农业园区77个。

2. 发展农业产业化龙头企业

发挥龙头企业在农业全产业链中的引领带动作用，不断提高特色农产品的规模化、产业化和品牌化水平。全市培育市级以上重点龙头企业524家，培育20个涉农中国驰名商标、10个省级领军企业品牌。五得利面粉、晨光生物色素产销量居世界第一，华裕农业科技有限公司打造了世界最大的蛋鸡孵化基地。

3. 培育优质农业产品

持续增加绿色优质农产品供给，加强农产品产地环境、生产过程管控，推行食用农产品达标合格证制度，以优质农产品筑牢品牌发展根

基。全市实现省级农产品质量安全县全覆盖,农业标准化生产覆盖率达到79.36%,"两品一标"农产品品牌323个。

4.夯实农业品牌基础

以省厅开展第五届河北农业品牌系列评选活动为契机,同步开展了第一届邯郸农业品牌系列评选活动。通过自主申报、县级审核、市级专家评审、初步提名、会议研究等环节,评选出邯郸市农业企业品牌6个(奥贝斯、天旭、蒲草婆婆、惠康善根、固新药谷、天赐)。通过市级农业品牌评选,进一步调动了各县(市、区)农业品牌建设的积极性,挖掘培育了更多具有内在发展潜力的农业品牌。

四、"四大行动":"京津菜园"农业品牌发展提质策略

(一)实施品牌设计创新活动

邯郸市应对标农业品牌发达地市发展模式,遵循品牌建设规律,依托特色农产品的自然优势,结合文化民俗资源,深入挖掘传统加工工艺,不断对其核心竞争优势进行强化和延伸,提升区域公用品牌形象,增强品牌农产品溢价能力,依托一流第三方专业机构,力求打造有灵魂、有个性、有标识、有口令、有图腾、有保护、有地位、有价值、有市场的"九有"品牌。

1.借力外脑,提升品牌建设能力

依托第三方专业机构做好农业品牌研究、市场策划和定位,梳理产业结构,明确主导产业,定准市场方向,深挖市场潜力,制定品牌策略,制定农业品牌相关活动整体实施方案,提出工作要求,确定工作目标。建议借助深圳市商业美术设计促进会、深圳市包装行业协会等国内一流的品牌设计打造和创意包装团队,从产品差异化分析、商业模式策划、品牌灵魂注入、统一视觉体系建立等专业角度出发,对农业品牌

打造的各个环节进行指导服务，针对邯郸特色农产品进行包装设计、创意打造以及市场营销推广策划，提高品牌打造专业化水平，提升品牌价值。

2.聚焦区域公用品牌，扩大邯农整体影响力

打造"京津菜园"整体形象，进行"河北粮仓，京津菜园"品牌口号的知识产权保护，制定授权使用规范和管理办法，融合第三方团队打造品牌发展平台，加大品牌创新设计资金支持力度，以奖补的形式树立品牌农业发展典型。

3.以会为媒，提升邯农社会知名度

充分发挥河北省农产品品牌协会的聚力作用，通过举办邯郸市品牌农业展、邯郸市品牌农产品创新创意设计大赛、"邯郸农业品牌创意设计鹊桥会""邯郸农产品牌寻根铸魂"等一系列活动，搭建龙头企业、家庭农场、合作社等品牌主体与农业电商、金融机构、策划宣传企业、市场渠道等合作共赢的桥梁。组织品牌企业参加"冀有好物线上助农""线上单品展销周"等活动，促进线上营销。积极组织品牌企业参加"品味河北"、中国农民丰收节、中国国际农产品交易会专题推介活动以及省厅在京津冀、粤港澳大湾区、江浙沪等地举办的各类交流对接活动，在全市掀起"懂品牌、唱品牌、消费品牌"的热潮。

（二）实施品牌供应链打造行动

统筹邯郸市各类农业园区建设，推动特色农产品全产业链打造、全产业链打穿、全产业链提升。全市应聚焦特色农产品加工园区和省级示范农业产业化联合体建设，将全市特色农产品加工比率提升至60%以上。通过政策引导、市场参与的方式，推动农商互联，促进农产品流通企业与品牌主体进行全面、深入、精准对接，不断提高订单农业、产销一体、股权合作等长期稳定的农产品流通模式在品牌农产品流通中所占

的比重，构建符合新时代农产品流通需求的农产品现代供应链体系，提升品牌农产品供给质量和效率。与河北航空有限公司、顺丰速运有限公司、京东集团等寻求合作，打通高端品牌农产品冷链物流渠道，以政府补贴、提升运量等方式降低空运成本，提高物流时效和品牌溢价。

（三）实施品牌"网红"打造行动

紧抓直播带货时尚风潮，通过"网红"直播、县长直播、扶贫助农等多种直播话题，以直播形式向邯郸农产品电商销售平台引流，利用"粉丝经济"帮助农业企业、农民快速出货，快速提升品牌知名度；策划举办"寻找邯郸农品带货王"直播带货比赛，对参赛农产品进行包装策划，使其更加符合网络购物习惯和直播产品的特点，通过前期造势宣传及直播当天带货，实现品牌销量双提升。

（四）实施品牌提质增效行动

质量是品牌的基础，品牌保障了消费者对质量安全的信心。按照"一个品牌抓一个特优区，一个特优区抓一个精品基地"的思路，抓好高端农产品打造，保证邯郸高端品牌农产品均来自精品基地的核心生产区，有力提升邯郸农业品牌的质量和含金量。

1.促进品牌标准化生产

以特色优势区建设为抓手，以"两品一标"认证为带动，高标准推进邯郸高端农产品生产的规模化、标准化、信息化，促进"种养加销"上水平。重点打造大名高油酸花生"三品一标"基地、武安优质谷子基地，实现特色粮油区域化发展。用市场倒逼机制引导农民在真正有市场信息指导、有组织流程的环境下实现按需生产和订单生产，推动农业发展逐渐从追求规模和产量转向追求品质和增值。

2.创建精品示范基地

根据邯郸市实际情况，围绕河北省十大类农产品分别遴选打造1个科教高端、标准高端、品质高端、品牌高端的示范基地。面向国内外蔬菜市场和京津高端市场，以馆陶县、曲周县、经济开发区、肥乡区等蔬菜大县（区）为重点，突出发展特色蔬菜和设施蔬菜，推动蔬菜单品化、集约化、精品化发展，推动"冀南菜园"上档升级。以此为基础，建立标准化管理体系，全程按标准生产，全面推行绿色防控技术。

3.打造优质农产品供应基地

深化与河北农业大学等农业科研院所的对接合作，选育优良品种，打造无公害、绿色、有机农产品，建设京津供应基地。遴选面向国家重要体育赛事的农产品供应备选基地，把入选的主要供应农产品全部纳入监管检测范围。

4.建立完善质量管控体系

严格产地环境、生产过程、产品质量管控，建立投入品进场、产品出场检测制度，保障产品质量安全。建设市级农产品追溯体系，将全部重点监控农产品纳入市级追溯平台，实现"标准可查询、生产可监控、销售可追踪、产品可追溯"。

5.推动高端品牌引领

打造一批系列农产品邯郸品牌，提升一批区域公用品牌，培树一批企业领军品牌。围绕辣椒、肉制品、食用菌、香油等邯郸"特有、富有"的农业产业，培强华裕农业科技有限公司、邯郸市金都食品有限公司、河北康远清真食品股份有限公司等畜牧龙头企业。结合蔬菜、中药材、奶业、精品肉类、中央厨房五个主要产业方向，对标潍坊、寿光等地，在现有基础上再打造1~2个"邯郸独有、中国著名、世界知名"的邯郸品牌。

保定市：瞄准"一县一特、一村一品"，云平台赋能特产品牌化

保定市位于河北省中心地带，内环京津雄，久负盛名，特色农产品资源丰富。近年来保定深入推进品牌强农行动，实施"一县一特、一村一品"品牌培育计划，积极创建特色农产品优势区。农村电子商务全覆盖助力农产品上行，电商云平台赋能农业特色产业由"小特产"升级为"大品牌"。

一、优化顶层设计，规范品牌运行体系

保定市制定《品牌农业"十四五"发展规划（2021—2025）》，从新"三品一标"认定、京津冀协同发展、雄安新区建设、数字电商发展等角度分析保定市品牌农业建设的机遇。通过公开征集、公开招标确定保定市级"直隶田园"区域公用品牌打造项目，建立直隶田园区域公用品牌管理系统，构建"1+N"品牌农业体系，即"直隶田园"1个保定市整体区域公用品牌，安国中药材、阜平大枣、白洋淀咸鸭蛋、满城草莓、望都辣椒、易县磨盘柿、高碑店黄桃、顺平苹果、蠡县麻山药、清苑西瓜、蠡县红薯、保定苹果12个省级区域公用品牌。结合保定实际制定《区域公用品牌使用管理办法》《区域公用品牌质量管控机制》，规定申请主体的准入标准、申请程序、经销商加盟管理、被许可人权利与义务、监督和追诉等，鼓励优秀农产品企业加入"直隶田园"区域公

用品牌的统一授权管理，不断提高品牌知名度、认知度、美誉度和市场竞争力。

二、深挖地域特色，"一县一特、一村一品"格局初步形成

保定市深挖县域特色农产品资源，确定"精品蔬菜、优质水果、特色瓜果、道地中药材、优质食用菌"五大特色农业品牌体系。唐县实施"冀产农产品品牌计划"，以唐县肉羊、直隶黑猪为基础，创建"唐尧山下"区域公用品牌；定兴县围绕特色优势产业，打造蔬菜、麻山药、红薯、道地中药材等"一村一品、一乡一业"示范村镇，培育"定兴蔬菜""五色定兴"区域公用品牌；安国市（县级市）围绕中草药、粮食、蔬菜和肉蛋等优势产业，以特色农业和优势农产品为抓手，实施"安国农产品品牌计划"，强化品牌设计；徐水区落实"桂冠品牌行动计划"，依托"漕河驴肉""蔬菜果品"等地理标志商标，打响徐水农产品品牌。

保定市建成安国中药材中国特色农产品优势区以及安国中药材、满城草莓、清苑西瓜、阜平香菇、望都辣椒、易县磨盘柿、蠡县麻山药、定州葡萄、定州辛辣蔬菜9个省级特色农产品优势区，区域特色尤为鲜明。满城区方顺桥镇绿赛草莓、清苑区北店乡牛庄村绿龙蔬菜、定州市大辛庄镇苗木花卉、唐县南店头乡葛堡村肉羊、莲池区南大园乡窑上村花卉、保定市蠡县大曲堤镇大曲堤村蠡县麻山药、易县独乐乡林果、阜平县平阳镇白家峪村香菇、定兴县贤寓镇龙华村蔬菜、曲阳县孝墓镇苹果、博野县博野镇杜各庄村中药材、望都县赵庄乡小辛庄村荷花淀莲藕等20个特色农产品获得全国"一村一品"示范村镇荣誉称号。

三、实行联合攻关，赋能传统品牌

与中国农业大学、中国农业科学院、河北农业大学等科研院所、高

等学校及知名专家的深度合作和产业对接，实施"品牌+创新+科技"联合攻关。强化科技创新，助推品牌农业升级，充分发挥科技对品牌的支持作用。与河北农业大学签订市校战略合作协议，共同打造"太行山农业创新驿站"战略品牌，引进、转化、应用一批创新技术及创新品种，全面推广绿色、高产、高效模式。实施良种攻关，加快建立起设施农业新品种、新技术、新模式示范转换良性发展体系。"保定苹果"以现代苹果种植技术为支撑，以"土壤改良""零农残"等技术为基础，以互联网应用系统为技术手段，不断强化品牌作用。安国市统筹推进京津冀农业协同创新平台建设、现代种业及繁育基地建设、现代农业园区改造提升和农业电商平台增点扩面，研发一批新品种、新技术、新机具。

围绕核心关键技术研发、标准体系建设，借助净菜品牌打造，助力中央厨房发展，保定市预制菜产业发展势头强劲，保定驴肉火烧、直隶官府菜、安国药膳等预制菜备受瞩目。成立全省首家中央厨房预制菜产业联盟，建设预制菜贸易促进创新发展示范基地，不断在技术和口味上创新预制菜系列，提升预制菜品牌知名度，让"保定味道"走向世界。

四、开展质量认证，筑牢品牌发展根基

构建农产品追溯体系框架，全市200多家农业企业被纳入追溯平台，推行农产品质量安全追溯全覆盖，推进农产品质量检测机构"双认证"，农产品质量安全监管体系、检测体系、追溯体系、标准体系不断强化，品牌农产品质量得到保障。开展农产品质量安全"七大专项整治"行动，推行网格化监管，建立政府、部门、企业和社会"四位一体"的责任体系。

积极发展"两品一标"认证，绿色、有机和地理标志农产品认证规模不断扩大。保定茂源果品股份有限公司的磨盘柿、三优富士苹果、李

子、鲜桃四个产品通过了绿色食品认证；蠡县麻山药、红薯、葡萄、梨等产品进行了绿色认证，百丰有机梨园的梨果和梨汤进行了有机认证；安国市600亩小白嘴山药和200亩祁山药通过了绿色产品认证；望都县龙河工贸有限责任公司拥有"龙河"和"尧母"两个品牌，黄豆、小米和玉米等杂粮产品进行了有机认证。安国祈紫菀、满城草莓、高碑店黄桃、阜平大枣、涞源小米、涞水麻核桃、顺平桃、唐县大枣、望都辣椒9个农产品获"中国地理标志农产品"认证。先后制订《安国市推进中药材标准化种植工程实施方案》《保定市满城区草莓产业提质增效推进方案》《清苑区西瓜特色产业发展规划》等，有效促进品牌农业标准化生产。

五、实现电商全覆盖，数字云平台助力特产品牌化

按照《数字乡村发展战略纲要》《数字农业农村发展规划（2019—2025年）》，统筹推进数字乡村建设，保定市光纤宽带和4G网络在全部行政村实现通达和覆盖，全市市级以上现代农业园区物联网应用率达到100%。成立保定农业农村大数据中心，助力特色农产品上行，实施"1+22+35"数字新格局，即1个农业农村大数据中心、22个县（市、区）农业农村数字农业应用平台、35个数字农业示范应用场景，农业品牌培育拥有新场景。

保定市委、市政府高度重视电子商务产业发展，出台了《保定市电子商务产业发展三年行动方案（2022—2025）》，开展"十万电商"公益培训，开展"七个一批"电商培育工程（一批电商领军企业、一批保定"网红"电商、一批电商产业园、一批知名电商品牌、一批电商直播基地、一批跨境电商基地、一批电商人才），保定高度重视电商产业发展。建成保定市智慧农业云平台，以农业信息化为依托，全方位把握农业信息数据资源，设有商家入驻板块，甄选优质产品，涵盖了地方特色

农产品和特产，种类齐全，云平台以数字兴业为基础，打造"一县一业一品"，发挥资源优势，让企业商家获得更多曝光机会和发展空间，做强区域品牌优势，招牌更亮。电商产业发展势头良好，实现农村电子商务全覆盖，在农产品上行、品牌培育、物流配送等方面取得显著成效，培育出阜平县"阜礼"、易县"易州印象"、涞源"飞狐源"、涞水"京涞派"等8个电商区域公用品牌。

分论一

承德市：立足生态优势，叫响"承德山水"，打造中国式农业现代化承德场景

承德市历史文化厚重，生态环境优良，自然资源丰富，四季分明，是"京津冀水源涵养功能区"，凭借好山、好水、好土、好空气、好文化、好生态，物华天宝，久负盛名。承德市拥有绝佳的农业生产地理和气候条件，特色农业发展优势明显，素有"食用菌之乡""马铃薯之乡""板栗之乡""山楂之乡""苹果之乡""热河黄芩之乡"等称号，承德市重视农业品牌建设工作，"兴隆山楂""承德国光苹果""京东板栗"等具有较高的品牌知名度和品牌美誉度。

一、突出地域特色，融入生态要素发展品牌

好山好水育好产品，好平台好项目育好品牌，好产品好品牌出好价钱。"生态""绿色"是承德农业的地域底色，承德市依托独特的资源优势，坚持绿色发展理念，重点建设"五个百万基地"，带动农业特色产业发展。践行"绿水青山就是金山银山"的发展理念，立足"地绿、水清、天蓝"生态优势，坚持农业生产"生态优先、绿色发展"。不断融入生态要素，打造"生态强市、魅力承德"地域整体形象，将生态资源转化为生态农业产业品牌优势，推进中国式现代化承德场景建设。现已创建4个国家级农产品特优区、15个省级农产品特优区，培育14个省级农产品区域公用品牌（见表5），"怡达""神栗"等12件商标被评为

"中国驰名商标",拥有河北承德露露股份有限公司(饮品)、河北怡达食品集团有限公司、平泉市瀑河源食品有限公司(食用菌)、承德神栗食品股份有限公司(板栗)、承德隆泉米业有限责任公司等12个省级以上领军企业品牌,打造出鑫亿"湾沟门"有机米等一批乡村振兴特产品牌。

表5 承德市部分农业品牌名录

分类	级别	名称
特优区	国家级特优区(4)	兴隆山楂中国特色农产品优势区、隆化肉牛中国特色农产品优势区、平泉香菇中国特色农产品优势区、宽城板栗中国特色农产品优势区
特优区	省级特优区(15)	河北省平泉香菇特色农产品优势区、河北省隆化肉牛特色农产品优势区、河北省滦平中药材特色农产品优势区、河北省围场马铃薯(种薯)特色农产品优势区、河北省丰宁小米特色农产品优势区、河北省兴隆山楂特色农产品优势区、河北省围场胡萝卜特色农产品优势区、河北省隆化中药材特色农产品优势区、河北省平泉黄瓜特色农产品优势区、河北省承德县食用菌特色农产品优势区、河北省宽城香菇特色农产品优势区、河北省平泉寒地苹果特色农产品优势区、河北省围场中药材特色农产品优势区、河北省承德县国光苹果特色农产品优势区、河北省兴隆板栗特色农产品优势区
农业品牌	省级区域公用品牌(14)	围场马铃薯、平泉香菇、承德国光苹果、滦平中药材、兴隆山楂、围场胡萝卜、宽城板栗、隆化肉牛、宽城苹果、围场沙棘、平泉黄瓜、兴隆板栗、双滦葡萄、承德山水

二、倾力打造"承德山水",提升品牌辨识度

倾力打造"承德山水"区域公用品牌,擦亮承德农产品新名片。"承德山水"整合行政区资源优势,区域公用品牌塑强承德区域整体形象,盘活农业特色产业,出"组合拳"整合原来分散的品牌资源。"承德山水"品牌与基地建设有机结合,引导产区农业企业入驻"承德山水"平台,提升品牌形象,入驻"承德山水"区域公用品牌的212家企业辐射全市364个绿色、有机认证产品,23种国家地理标志保护产品,已带动入驻企业品牌产品和支农产品分别实现京津市场销售4亿余元和135亿元。

承德市委、市政府相继出台了《承德市农产品区域公用品牌建设工作实施方案》等多个配套文件,为农产品区域公用品牌建设奠定了制度基础。"承德山水"建成企业标准,实施品牌基地建设体系、质量标准体系、安全监管体系、认证与检验检测体系、产品追溯体系、准入退出体系、品牌营销体系、知识产权保护体系八大运营体系建设。"承德山水"区域公用品牌隶属承德山水生态农业集团有限公司,集团公司采取"内联基地、外拓市场、线上线下运营"的模式实现基地与市场对接,搭建"承德山水"电子商务网络运营平台作为运营主体,负责日常运营和管理工作。集团公司运营解决品牌管理中的监管缺位问题,坚持内联基地联万户、外拓市场创品牌,运营平台架起承德市优质农产品生产者和消费者之间的桥梁,提升承德农产品品牌辨识度。

三、筑牢品牌发展根基,高标准引领高质量

政府高度重视,生态农业品牌发展软环境优良,承德市成立市级农产品品牌建设工作领导小组,领导小组由农村工作委员会、市委宣传部、市农业农村局等12个部门组成,职责明晰。先后制定了一系列推进和加快品牌农业发展的政策文件,将打造生态农业品牌作为基本定

位，将争创驰名商标和农产品区域公用品牌作为目标。

严把质量关，基于基地、龙头、产品三个关键环节，持续夯实品牌基础，部署实施加快基地提档升级、引导培育追溯体系建设、做大做强农产品加工业、加大项目推进力度、着力加快园区建设、深入实施环境改善引领行动、完善支撑服务体系等一系列重点工作。培育壮大农业经营主体，龙头引领品牌建设，中共承德市委市直机关工作委员会深入实施"扶龙行动"，为企业开展品牌创建提供综合服务，加大品牌建设指导服务力度，组织品牌农业企业参加国际国内农产品交易会、产销对接会、品牌推介会等，鼓励企业品牌参与省内评选，不断创造品牌培育的良好环境。

大力实施科技兴农战略，坚持创新驱动引领。承德市与科研院校开展科技合作，提高关键技术研发能力。依托京承、津承农业协同创新联合体全方位开展科技协同创新，引进先进技术和高新技术成果，开展技术集成示范推广，坚持"增品种、提品质、强技术、创品牌"，赋予品牌新活力。

高标准引领高质量，承德市市场监督管理局连续出台系列政策，启动"承德品牌标准化体系建设"项目，推进农业标准化示范区建设。通过标准引领带动，建成国家级农业标准化示范区13个、省级农业标准化示范区13个，以国家农业高新技术产业示范区创建为引领，创建国家有机食品生产基地建设示范县，全国蔬菜生产重点县、标准化生产示范区、原料生产基地等，筑牢品牌发展根基。

四、拓宽营销渠道，提高品牌美誉度和影响力

政府牵头开展多种形式的宣传推介，组织承德国光苹果品牌战略发布会、兴隆县山楂节、中药材发展大会等，举办"承德山水"农产品展销会、洽谈会、推介会，鼓励企业参加中国（廊坊）农产品交易会，津承农业产业扶贫协作推进会议等对接活动。承德市加强品牌市场营销体

系建设，通过线上线下双管齐下的方式搭建便捷渠道，不断推动农业企业直通京津市场，建成了"1＋4＋40＋N"的线上线下营销体系，即1个网络运营总平台，4个市区展示展销中心，40个市区及县区直营店，N个入驻平台的企业自建企业子品牌展示展销营销体系。全市范围内设置"承德山水"农产品展销中心和直营店，与北京首农食品集团有限公司、北京物美商业集团股份有限公司、天津市供销合作社、天津华旭贸易食品集团有限公司等京津大型国企合作，同时在中国工商银行、中国农业银行、中国建设银行、中国邮政储蓄银行邮乐购等银行系统电商平台建立"承德山水"专区，在京津地区设置农产品销售展柜。线上搭建电商平台，构建产供销一体的运营联合体，主要通过开展订单农业、直播平台、网络带货宣传等方式，让承德优质农产品走进京津超市、社区、企业、机关、学校。承德农产品的品牌知名度不断提升。

五、对接高端市场需求，推进食品品牌培育

承德市充分发挥生态资源和环绕京津市场优势，不断研究现代食品消费需求趋势，研发新工艺、新产品，注重培育科技含量高、附加值高、环保安全的新兴食品。适应和引领市场需求，将更多承德的优质农特产品带到北京和天津地区居民的餐桌上，搭建起承德品牌农产品与京津市民之间的桥梁，依托"承德山水"品牌效应，实现传统优势农产品和地方特色食品品牌化，让品牌更具影响力。

出台《承德市人民政府关于推进食品工业加快发展的实施意见》，瞄准京津市场，做强食品产业。坚持绿色食品拓展大市场，大力实施名牌兴企战略，做好品牌营销文章，努力在品牌的挖掘、培树、推介、引进和保护上下更大力量，提高食品加工企业品牌占比，举全市之力重点培育果品、食用菌、肉制品、粮油、酒类、乳制品、薯类、错季蔬菜、特色时令果蔬、休闲副食、酒水饮料等高端食品品牌。

张家口市：突特色集群之围，重点培育"一县一品"

一、绿色农牧产业集群的发展现状及优势

张家口市域内气候冷凉，昼夜温差大，日照充足，是生产绿色、有机农产品的"天然工厂"。近年来，张家口市依托得天独厚的自然资源禀赋及独特的区位优势，培育形成了优质杂粮、马铃薯、蔬菜、中药材、食用菌、葡萄、草原肉业、乳品、生猪、肉鸡蛋鸡10个优势产业集群。其中，17个单品在全国、全省具有领先优势。燕麦繁种面积达到4万亩，占全省燕麦繁种总面积的88.9%，占全国燕麦繁种总面积的40%，位列全国第一位；种植面积155万亩，产量13.8万吨，分别占全省种植面积、总产量的72.27%、72.3%，占全国种植面积、总产量的24.48%、23.4%。张家口市是全国五大鲜食玉米生产区之一，发展成为集种子研发、有机种植、仓储加工为一体的全产业链产业集群；制种面积1万亩，占全省制种面积的66.67%，占全国制种面积的5%，制种面积、育种水平居全国第一位；种植面积达13.4万亩，产量4亿穗，分别占全省种植面积、总产量的34.86%、32.5%，居全省第一位。"张杂谷"育种技术是国内首创，育种水平世界领先，制种面积达1.11万亩，位列全国第一位；种植面积36.06万亩，产量11.2万吨，分别占全省种植面积、总产量的43.1%、39.14%，占全国种植面积、总产量的7.9%、7.2%。藜麦种植面积3.5万亩，产量0.63万吨，种植面积、产量

居全省第一位。张家口市农业科学院成立了全国首家藜麦研究所，选育出"冀藜1号""冀藜2号""冀藜3号""冀藜5号"等优良品种，为全市藜麦新品种选育、推广提供了有力支撑。马铃薯年生产原原种微型薯8亿粒，脱毒薯制种面积达10万亩，育种水平居全国第一位；种植面积115万亩，鲜薯产量248万吨，分别占全省种植面积、总产量的46.8%、46.33%，占全国种植面积、总产量的1.53%、2.4%，均居全省第一位；年加工能力60万吨，加工水平全国领先。蔬菜播种面积120.7万亩，总产量463万吨，分别占全省种植面积、总产量的9.94%、9.9%，均居全省第三位。葡萄种植面积13.8万亩，总产量22万吨，分别占全省种植面积、总产量的19.5%、16.67%，均居全省第一位；年加工能力20万吨，产值居全省第一位。中药材种植面积57万亩，康保县是全省最大的柴胡种植基地，蔚县知母、防风为"十大冀药"之一。奶牛存栏28.7万头，奶产量113万吨，分别占全省奶牛存栏量、奶产量的18.5%、21.2%，占全国奶牛存栏量、奶产量的1.6%、2.9%，奶牛存栏和奶产量全省排名第二位。生猪存栏113.6万头，出栏208.3万头，分别占全省生猪存栏、出栏总量的5.8%、5.9%，占全国生猪存栏、出栏总量的0.23%、0.3%，生猪存栏量全省排名第八位。肉牛存栏26.6万头，出栏33.9万头，分别占全省肉牛存栏、出栏总量的11%、9.3%，占全国肉牛存栏、出栏总量的0.3%、0.7%，肉牛存栏和唐山并列居全省第二位。肉羊存栏196.5万只，出栏312万只，分别占全省肉羊存栏、出栏总量的13.6%、11.4%，占全国肉羊存栏、出栏总量的0.6%、0.8%，肉羊存栏全省排名第二位。

二、集群发展中存在的问题

张家口市特色产业集群发展中存在以下问题。

一是优势特色农牧业发展水平与独特的农牧业资源禀赋不相适应。

张家口市有坝上、坝下两个地貌单元，地形多样、气候独特，农牧产品品种多、品质好，部分农牧产品品牌在国内外享有较高的知名度和美誉度；但"独"而不"特"、"特"而不"优"的难题还未有效破解，独特的农牧业资源禀赋潜能还未完全释放，农牧业资源优势还未有效转化为产业优势，特色农牧产业集聚效应还需进一步培育。

二是农牧业龙头经济的发展现状与现代农牧业的发展要求不相适应。农牧业经济还没有形成产加销真正意义上的闭合式全产业链发展模式，产业龙头科技含量低、产品附加值低，企业规模较小，辐射带动能力相对较弱，全市农产品加工业产值与农业总产值比相较全省平均水平仍有较大差距，规上农产品加工企业数量和产值明显低于全省平均水平。龙头企业培育、产业链条完善有待进一步加强。

三是农产品市场竞争力与冬季奥林匹克运动会举办城市的知名度不相适应。农业生产集约化、标准化、科技化程度不高，农产品种类丰富但市场话语权不强。全市市场竞争力强、群众认知度高的知名品牌数量不多，独特的农牧业资源禀赋与市场知名度、市场占有率不匹配。

三、主要工作举措及成效

针对全市绿色农牧产业集群的短板和存在的问题，按照市委、市政府领导的指示精神，立足全市十大特色优势产业集群和17个优势单品，统筹考虑具备条件的农业县区的资源禀赋、产业规模、市场品牌等方面的优势，按照错位竞争、差异发展，避免产业同质化的原则，经过认真研究梳理并多次征求相关县区意见，确定了怀来葡萄酒、涿鹿葡萄、张北马铃薯、察北塞北奶业、沽源藜麦、宣化"张杂谷"、万全鲜食玉米、尚义燕麦、康保亚麻籽油、阳原杂豆、蔚县小米、赤城架豆、崇礼彩椒、怀安猪肉制品14个特色鲜明、初具规模、经济效益明显、市场竞争力强的县域特色单品，作为重点打造和支持的"一县一品"主导产业。市农业农村局已组织各相关县区进行深度调研，厘清产业现状、产业优势、存在差距，指导县区按照确定的"一县一品"主导产业研究起草实施方案，明确2022年、2025年、2030年的发展目标，制定推进举措、保障机制。

四、下一步工作安排

张家口市主要从四个方面着手，大力培育"一县一品"主导产业：一是扩大基地。提高主导产业区域布局集中度，打破乡镇、村界限，连片规划、成片推进，建设标准化、规模化基地。提高规模经营水平，加快土地流转，推动农户承包土地经营权向龙头企业、专业合作社、家庭农场等新型农业经营主体流转集中。二是提升专业化水平。因地制宜建设"一村一品"专业村，重点在推进标准化生产、开展产地初加工、提高产品商品化率、提升组织化程度等方面加大工作力度。鼓励村集体经济组织积极参与"一村一品"建设，壮大村集体经济实力，带动村集体经济组织成员增收。三是强化利益联结。采取订单生产、股份合作、托管托养、代耕代种、吸纳就业等方式，建立健全多种形式的利益联结机制，使主导产业发展能充分带动农户增收致富。四是品牌打造。充分发挥县域内主导产业品类资源、地域资源、自然资源、文化资源等优势，打造一批高端精品，遴选一批名、特、优、新农产品以及具有影响力的县（区）域农业公用品牌、企业品牌及农产品品牌纳入"大好河山·张家口"农业品牌运营范畴，打响"大好河山·张家口"特色农业品牌。

沧州市：品牌兴业富民成效显著

近年来，沧州市高度重视农业品牌工作，始终坚持把发展品牌农业作为促进农业供给侧结构性改革、提升农业质量效应、增强农产品市场综合竞争力和增加农民收入的有效抓手，持续发力，抓紧抓好。制定并印发了《沧州市农业品牌建设三年行动实施方案（2022—2024年）》（沧政办字〔2022〕22号），明确了2022—2024年全市农业品牌建设的指导思想、主要目标、主要任务，全面加强农业品牌建设，打造高品质、好口碑的沧州农产品金字招牌，重点构建农产品品牌、区域公用品牌和企业品牌"三位一体"的品牌体系。围绕农业主导产业和特色优势产品，强化品牌意识，夯实品牌基础，硬化工作措施，狠抓推进落实，全市农业品牌工作取得了明显成效。截至目前，已创建中国驰名商标7件、国家地理标志产品7个、地理标志农产品2个、省级农业企业品牌8个、省级区域公用品牌10个、涉农省名牌产品50多个，领军企业品牌6个，有效期内绿色食品111个。沧州省级区域公用品牌、企业品牌梯队创建成果，如表6所示。

表6 沧州省级区域公用品牌、企业品牌梯队创建成果一览表

年份	届次	农产品区域公用品牌名称	农业企业品牌名称	品牌名称
2016	第一届	沧州金丝小枣	小洋人生物乳业集团有限公司	小洋人

续表

年份	届次	农产品区域公用品牌名称	农业企业品牌名称	品牌名称
2017	第二届	黄骅冬枣		
		肃宁裘皮		
2018	第三届	泊头鸭梨	河北乐寿鸭业有限责任公司	
		青县羊角脆	泊头东方果品有限公司	
2020	第四届	黄骅梭子蟹	华斯控股股份有限公司	怡嘉琦
		献县肉鸭		
2021	第五届	品味南皮	河间市国欣农村技术服务总会	
			河北乐通饲料有限公司	
2022	第六届	泊头桑葚	泊头亚丰果品有限公司	亚丰
		海兴有机羊	黄骅市天天食品发展有限公司	十月红
汇总		10个	8个	

一、强意识突出摆位

要求各县（市、区）农业农村部门及时准确把握我国农业已进入品牌引领时代的脉搏，充分认识到品牌对提升农业质量效应、增强农产品综合竞争力和带动农民增收致富的重要作用。不仅要看到品牌农业是农业供给侧结构性改革的关键点，是提高农产品市场竞争力的切入点，更是"兴一个产业，富一方百姓"促进农业增效、农民增收的突破点。在工作推进中，切实树立品牌意识，突出工作摆位，紧紧围绕省委、省政府大力实施农产品品牌、区域公用品牌、企业品牌"三位一体"农业品牌战略，结合各自实际，组建工作专班，明确发展重点和工作路径，制定切实可行的推进措施，按照"三个一批"的思路和"十个一"工作任务，动员各方力量，整合多方资源，全力培树打造，全市上下形成了发展品牌农业的浓厚氛围，将"两品一标"纳入食品安全、质量强省、乡村振兴等考核范围，并以衡沧高品质蔬菜产业示范区创建为契机，不断提高沧州市品牌农产品供给能力。

二、定规划梯次推进

培育知名农产品、加快推进农业品牌化建设是趋势使然，也是我们2023年的一项主要工作。为扎实做好农业品牌培树，组建成立了农业品牌建设工作专门机构，围绕主导产业和传统产业筛选出了一批优势特色产品，建立了省级、国家级名牌产品储备库。对纳入储备库的农产品，逐一制定品牌培育方案；落实责任单位，整合相关资源，加强政策扶持；培植发展新品牌，提升壮大传统品牌，努力构建沧州市农产品品牌集群优势。2023年在巩固提高沧州金丝小枣、黄骅冬枣、泊头鸭梨、青县羊角脆、肃宁裘皮等省级重点区域公用品牌的同时，又重点打造了献县肉鸭、黄骅旱碱麦、品味南皮等新兴农产品区域公用品牌；支持河北东风养殖有限公司、华斯控股股份有限公司、小洋人生物乳业集团有限公司、河北乐寿鸭业有限责任公司等十大集团型企业、58家省级以上龙头加速企业品牌建设；继续实施农产品品牌"112"打造计划，即市级分别确定10个区域公用品牌和10个企业品牌重点培育，每个县确定10~15个产品品牌、总数超过200个产品品牌重点培育。

三、多渠道培育打造

沧州市采取以下措施多渠道培育打造知名农产品品牌：一是在中央电视台黄金时段投放河北品牌公益广告，树立沧州农产品整体形象。会同市财政局完成采购审批、单一性专家论证、招标文件制作提交、开标等工作，目前已与北京雅迪数媒信息集团股份有限公司签订合同，并组织黄骅、献县等县市配合录制相关视频素材，待制作完成后即可安排播放。二是借助各种展销展会平台，扩大品牌知名度和美誉度。先后组织14家企业参加了"5·18"河北省特色农产品采购对接会，9家省级龙头企业参加了河北省优质农产品网上虚拟展馆，4家企业参加了2020线上中国国际薯业博览会，2家企业参加了莫斯科国际食品展览会，5家企业参加了以色列智慧农业商务对接会，等等。三是利用新媒体宣传推广，拓展覆盖层次。为加强线上宣传，发挥网络、手机传播快、覆盖广、成本低的品牌宣传优势，从2023年4月份开始在微信、抖音、快手上投放沧州品牌宣传短片。搭建专业信息平台，协同利用其他部门的新媒体窗口，开发"品牌智荟"平台，建立线上品牌博物馆，实现咨询、传播、评选、评价认证等功能。发挥新媒体作用，开设专版专栏，宣传典型案例，讲述品牌故事，推广沧州特色优势品牌。四是开拓电商渠道，积极创新营销模式。与阿里巴巴、京东商城、特优农品、河北省农产品电子交易中心等电商平台开展战略合作，支持品牌主体上线，开设"金牌"店铺，举办促销活动，建立线上主渠道。利用京东商城、淘宝、苏宁易购、拼多多"河北供销馆"、阿里巴巴"河北供销扶贫商城"，已上线销售1200多个河北名特优农副产品，加大营销力度，打造沧州品牌农产品集群效应。

四、严考核重抓落实

建立健全农业品牌工作考核制度，将品牌农业建设年度任务，特别是创意设计、宣传推广、渠道拓展具体工作，细化分解到各县（市、区），并明确市县两级任务分工。市级加强品牌农业工作的统筹，县级重点抓好农业品牌具体建设，市级品牌建设重点专项工作按月分解，形成工作推进的时间表、路线图，逐项制定推进措施，建立工作台账，实行动态管理，每季度通报一次任务落实情况。组织品牌农业建设督导，督促各地加快工作进度。委托第三方专业机构制定评价标准，对各类品牌的设计、宣传、营销等环节进行效果评价，并将评价结果纳入考核范围。对涉及资金的品牌项目完成情况进行科学评估，严格规范验收标准，年末逐级进行工作考核。市级对抓落实成绩突出的县（市、区）进行通报表扬，并在下一年度项目资金安排上予以倾斜。

附：沧州市重点农产品生产加工企业品牌建设巡礼

（一）河北东风养殖有限公司

河北东风养殖有限公司是市场占有率超过40%的高端烤鸭鸭坯产销第一品牌。公司位于沧州市肃宁县，前身为河北东风饲料厂，创立于1991年，逐步发展成为集种鸭养殖、孵化、肉鸭放养、回收、屠宰加工，鸭坯生产、熟食加工、冷链物流于一体的河北省农业产业化重点龙头企业，公司注册资金6950万元，资产总值3.5亿元。公司下设祖代场1个、父母代场4个，品种为Z型北京鸭，肉鸭养殖示范小区8个，自配料厂设计生产能力10万吨，是肥脂型Z型北京鸭的推广示范基地。2021年公司销售烤鸭鸭坯超过2000万只，市场占有率超过25%，其中高端产品市场占有率超过40%。公司注重新品种、新技术的研发，为打造北京烤鸭原材料生产基地，公司研发团队在品种示范、饲料加工、无抗健康养殖技术、鸭坯加工、烤炙技术等方面取得了一定成绩。公司被河北省人民政府评为"农业产业化经营重点龙头企业""省级示范农业产业化联合体"；"鸭子来"品牌被中国农产品流通经纪人协会、中华合作时报社、中国供销合作经济学会评为"百佳农产品新锐品牌"，河北省中小企业"名牌产品"。公司的"Z型北京鸭技术研发推广中心"2017年12月被河北省工业和信息化厅认定为A级研发机构且具有稳定的研发团队。2019年通过了省"专精特新中小企业""质量标杆企业""沧州市技术创新中心"的认定。2019年12月18日，河北农业大学食品科技学院在河北东风养殖有限公司举行了"博士工作站"揭牌仪式，开始了院企合作、科技创新的新征程。2020年8月和10月，先后获批"河北省肉鸭产业技术研究院"和"高新企业"称号。

（二）河北乐寿鸭业有限责任公司

河北乐寿鸭业有限责任公司是农业产业化国家重点龙头企业，是全国知名的烤鸭鸭坯生产企业，烤鸭鸭坯产销量位居行业前列，公司拥有种鸭繁育、肉鸭养殖、饲料加工、屠宰制坯、屠宰分割、熟食加工、烤鸭店和熟食店全国连锁，形成了"一、二、三产业"深度融合的全产业链发展模式，实现了一体化经营。公司全年肉鸭屠宰总产能达到7000万只，其中烤鸭鸭坯产能2500万只，分割鸭产能4500万只。"乐寿"牌鸭坯、"乐寿御坊"烤鸭已成为国内同行业知名品牌，"乐寿鸭"熟食和"乐寿"牌鸭饲料已成为区域知名品牌。公司是农业产业化国家重点龙头企业、国家级高新技术企业、国家良种扩繁推广基地、河北省畜牧十强企业、河北省"科技小巨人"企业、优质北京填鸭鸭坯供应基地，被沧州市政府评为2020年度"市政府质量奖"，获"河北省单项冠军产品""质量标杆企业"等多项荣誉称号。

（三）华斯控股股份有限公司

华斯控股股份有限公司是以裘皮时尚产业发展为核心，致力于产业整体发展、创新升级及服务平台建设的上市企业，主要从事动物毛皮精深加工、裘皮服装、饰品设计研发制造。2010年在中国深圳证券交易所主板上市，股票简称"华斯股份"，代码002494，是中国裘皮第一股。华斯控股股份有限公司下辖肃宁县京南裘皮城有限公司、北京华斯服装有限公司、香港锐岭集团有限公司、肃宁县尚村毛皮拍卖有限公司、河北华源服装有限公司、河北华斯生活购物广场商贸有限公司等子公司，是农业产业化国家重点龙头企业、国家扶贫龙头企业、国家重点高新技术企业、国家国际科技合作基地。公司在成长过程中，积极与国际一线裘皮品牌长期合作，努力打造国际产品品牌，建立了国际化的销售网络，将裘皮服饰推向国际市场，出口到欧洲、美国、日本、韩国及俄罗斯周边国家和地区，形成了在欧美市场以奢华时尚为特色、在日韩市场以简洁富贵为特色、在俄罗斯中亚以典雅实用为特色的产品营销布局。通过不断提升产品的附加价值，实现了产业链持续动态升级，取得了跨越式的发展。在国内建立品牌直营店，遍布北京、牡丹江、哈尔滨等一、二线主要城市。公司旗下"EGAKE（怡嘉琦）"品牌获得了"中国驰名商标""中国名牌""中国裘皮衣王"的称号；同时，公司推出了高端女装品牌HERAS，进入了国际高端裘皮服行列。

（四）泊头东方果品有限公司

泊头东方果品有限公司是一家集果品、蔬菜生产、加工、储藏、出口销售于一体的专业公司，是农业产业化国家重点龙头企业。公司下设两个厂区、两个自属果园，现有果品冷藏能力2万吨，选果加工能力3万吨，鲜梨示范果园基地1600亩。公司注册资金2000万元，现总资产4.4亿元，固定资产5636万元。

公司鲜梨产品现已远销美国、加拿大、南非、智利、以色列、意大利、迪拜、孟加拉、巴基斯坦、澳大利亚、新西兰、欧洲及东南亚的40多个国家和地区，2022年销售鲜梨2.6万吨，实现销售收入2.48亿元，创汇1250万美元。其中，鸭梨出口量在河北省位列前茅，在国内同行业中也占有较大份额。

2004年以来公司先后通过ISO 22000:2018食品安全管理体系认证、GLOBAL GAP全球良好农业操作规范体系认证和BRCGS全球食品安全认证。公司销售产品严格实行溯源管理，确保产品质量安全。产品出厂合格率、产品质量满意率、服务满意率均为100%。

公司"金马"和"玉晶"商标双双荣获河北省"著名商标",2019年"金马"商标在美国注册。公司产品荣获河北省"优质产品"。公司2001年被农业农村部、中华人民共和国对外经济贸易部认定为"全国园艺产品出口示范企业"、河北省"无公害农产品生产基地";同年,公司"金马"牌鸭梨产品荣获2001年"中国国际农业博览会名牌产品"。2009年荣获第七届中国国际农产品交易会金奖。2002年以来连续被河北省政府认定为农业产业化重点龙头企业、河北省百强民营企业、河北省"守合同、重信用企业"、河北省"消费者信得过单位"。2007年荣获国家林业和草原局"全国经济林产业化龙头企业",被国家八部委评为"农业产业化国家重点龙头企业"。2014年荣获"中国质量诚信企业"称号。2015年被评为"2015中国十大梨品牌""2015中国果业百强品牌企业""2015中国果品百强品牌",被中国出口信用保险公司评定为AA级企业。2016年被河北省科学技术厅认定为河北省科技型中小企业。2017年,经河北省农业产业化工作领导小组批准为河北省省级农业产业化联合体核心企业,河北省科学技术厅备案为"小巨人"企业和"星创天地"企业。2018年成为河北省林业产业协会副会长单位。1999年河北鸭梨出口澳大利亚首发仪式、2007年中国鸭梨输美发运仪式、2016年中国鲜梨出口以色列首发仪式等均在泊头东方果品有限公司举办,公司鲜梨产品代表中国首批进入以色列市场。公司现为河北省果树学会副会长单位、中国出入境检验检疫协会副会长单位、中国果品流通协会会长单位、沧州市农产品同业协会联合会会长单位。

(五)河北乐通饲料有限公司

河北乐通饲料有限公司成立于2014年12月,注册资本4300万元人民币,位于河北省沧州市献县乐寿镇,公司拥有两条先进的颗粒饲料生产线，并配有全自动配料系统以及近红外分析仪、酶标检测仪、高效液相色谱仪、原子吸收仪等先进检测设备，确保了产品品质。河北乐通饲料有限公司以生产猪料、肉禽料为主。

2019年公司获得"河北省农业产业化重点龙头企业""河北省饲料行业十强企业""沧州市饲料领军企业""现代农业发展先进单位""河北省农业科技小巨人"等荣誉称号。

公司产品畅销河北、天津、山东、山西等省市。凭借公司领先的生产技术和管理优势，保证了饲料的优良品质；公司自主研发的鸭坯专用免填饲料已成功申报国家发明专利。

公司实行"订单农业"和高于市场价格收购法，使玉米产业成为当地农民增收的主要增长点。公司坚定不移地走出了一条产业扶贫之路，并无私地为群众服务，多次荣获"农业产业化成果奖""十佳农业产业化典型"等称号，得到了社会各界的一致好评。河北乐通饲料有限公司承担了沧州市科学技术局市级重大科技研发项目"新型免填烤鸭饲料的研发与推广项目"，并顺利完成项目验收。

公司致力于打造国内鸭坯专用饲料第一品牌，以生产技术为基础，把改善烤鸭的口感和风味作为饲料研发的主要方向，进一步加强对饲料技术的研发，重点研发适用于肉脂型北京鸭的免填饲料，进一步降低饲料的料肉比，持续改善饲料对鸭坯产品肉质、口感和风味的影响，努力打造国内鸭坯专用饲料第一品牌。

（六）河间市国欣农村技术服务总会

河间市国欣农村技术服务总会（以下简称国欣总会）于1984年由12户棉农发起成立，是以棉农为主体的经济技术合作组织，坚持"面向农民，服务会员"的宗旨。

国欣总会以棉花种植、棉种生产为主业，现已发展成育、繁、推一体化，生产、加工、销售、服务一条龙的农业产业化国家重点龙头企业。

国欣总会注重新品种的研发，在河间市有3000亩的科技园区，在湖北省潜江市设立了长江流域育种站，在新疆维吾尔自治区轮台县与石河子市分别设立了新疆棉花育种站，在海南省建有南繁基地，经过多年的辛勤耕耘，积累了1000多个品种资源，有30个具有自主知识产权的抗虫棉新品种通过审定，是河北省"企业技术中心"。

为确保所繁种子的质量，国欣总会率先实行自办农场繁种，目前已建立起稳定的专业化良繁农场6万多亩（含新疆地区）。农场管理实行场长负责制，统一规划，统一管理，统一农艺操作，一场繁殖一个品种，只取中喷花做种籽棉，以保证质量高度一致。

为确保"国欣"牌棉种的高质量，国欣总会拥有先进的质量检测设备，建立起一整套完善规范的质量检测程序，实施严格的质量监督和控制。

国欣总会靠诚信、服务以及过硬的产品质量，获得了"河北名牌""中国名牌"称号，"国欣"商标是"河北著名商标""中国驰名商标"，国欣总会是农业产业化国家重点龙头企业、中国种业信用骨干企业。会长卢怀玉是"全国劳动模范""全国农业劳动模范"，党的十八大代表、中国科学技术协会第九届全国委员会常务委员。

2007年9月至2010年9月国欣棉种荣获"中国名牌产品"，2010年"国欣"商标荣获"中国驰名商标"，2018年11月至12月底获批"农业产业化国家重点龙头企业"，2010年由中国种子协会认定为"中国种业信用骨干企业"。

（七）肃宁县绿苑蔬菜专业合作社

肃宁县绿苑蔬菜专业合作社（以下简称绿苑合作社），是沧州最大的工厂化品牌化育苗基地，始建于2004年，注册资金600万元，占地

500亩，主要功能是蔬菜新品种新技术的引进、实验、示范和推广，为本地及周边县市提供优质蔬菜种苗和技术指导，是河北省建设最早、规模最大、现代化程度最高的复合型蔬菜园区。绿苑合作社有现代化智能连栋大棚、冬季高温育苗室、新品种实验展示棚、绿色蔬菜生产棚、无公害小拱棚韭菜示范棚和"六个中心"（科技培训中心、农业信息服务中心、工厂化育苗中心、土壤检测中心、无公害蔬菜检测中心、农资服务中心），年生产优质种苗2亿株，种苗销往北京、天津、河北全省、山西、黑龙江、重庆、甘肃、辽宁、山东、陕西、四川、内蒙古、海南、云南等地，年生产各种蔬菜20万吨。绿苑合作社形成了"合作社+基地+农户"的发展模式，带动5000余农户种植蔬菜增收致富，成为全县蔬菜产业的龙头。园区被北京市政府认定为首批进京的无公害蔬菜生产基地。2007年经河北出入境检验检疫局备案，成为沧州市唯一出口俄罗斯等国家和地区的蔬菜基地。2008年被评为"沧州市农业产业化重点龙头企业"，园区成为河北农业大学的教学基地。园区生产的"玉怀"牌百利番茄被第七届中国（廊坊）农产品及优种交易会评为"名优农产品"，2012年"玉怀"商标被认定为"河北省著名商标"。2011年，绿苑合作社被中华全国供销合作总社评为"农民专业合作社示范社"，成为中华人民共和国农业部（以下简称农业部）蔬菜标准园。2012年成功实施农业部由园到区（试点）扩展项目。2010—2014年被评为"中华人民共和国农业部协会理事单位"。2015年被评为"河北省诚信经营示范合作社"。2016年成立沧州市蔬菜产业培训中心。2020年4月被评为"河北名优品牌"，同年12月获得"绿色西红柿""绿色茄子""绿色油菜""绿色芹菜"等绿色食品认证证书。目前，绿苑合作社是河北省农业科技园区、第七批星创天地基地、农业技术推广总站的新技术示范站、国能朔黄铁路发展有限公司绿色蔬菜生产基地。

邢台市：构建母子品牌体系，做强特色农业品牌

一、邢台市农业品牌发展现状及特点

邢台是华北地区的农业大市、粮食大市、农产品加工强市，也是重要的畜禽、林果和蔬菜生产基地。近年来，邢台市围绕农业高质量发展，实施了区域、企业、产品"三位一体"品牌战略，加快培育优势特色农业，目前全市共建成区域公用品牌26个、农业领军企业品牌17个，拥有"两品一标"认证产品228个，其品牌发展居全省第2位。

（一）区域公用品牌发展强劲

邢台市共创建农产品区域公用品牌26个，其中，省级农产品区域公用品牌14个、市级农产品区域公用品牌12个（见表7）。自2020年以来，省级区域公用品牌获评数量连续3年增速全省第一。26个农产品区域公用品牌所属地域涵盖了除农业用地非常有限的襄都区、经济开发区及邢东新区以外的邢台市域所有行政县（市、区），产品类别涵盖了粮油、蔬菜、中药材、果品、畜禽五大农业主导产业，产业覆盖范围广。在第十五届中国国际农产品交易会"我为家乡农产品代言"活动中，邢台市临城薄皮核桃、巨鹿金银花两个品牌被农交会组委会授予"2017百强农产品区域公用品牌"称号，巨鹿金银花入选2019中国农业品牌目录。

表7 邢台市农产品区域公用品牌情况统计

序号	县（市、区）	品牌名称	级别	产业类别
1	邢台市	邢台酸枣仁	省级	中药材
2	信都区	浆水苹果	省级	果品
3	信都区	邢台贡梨	市级	果品
4	任泽区	任泽强筋麦	市级	粮油
5	南和区	南和金米	省级	粮油
6	南和区	南和犬猫粮	省级	粮油
7	南和区	南和蔬菜	市级	蔬菜
8	内丘县	内丘苹果	省级	果品
9	临城县	临城核桃	省级	果品
10	隆尧县	隆尧鸡腿葱	省级	蔬菜
11	隆尧县	隆尧小孟甜瓜	省级	果品
12	柏乡县	硒望柏乡	市级	全品类
13	宁晋县	宁晋羊肚菌	省级	蔬菜
14	宁晋县	宁晋平菇	市级	蔬菜
15	巨鹿县	巨鹿金银花	省级	中药材
16	平乡县	平乡桃	省级	果品
17	平乡县	平乡贡白菜	市级	蔬菜
18	新河县	新河大枣	市级	果品
19	广宗县	大广归宗	市级	全品类
20	威县	威县威梨	省级	果品
21	威县	威县葡萄	省级	果品
22	威县	威州牛肉	市级	畜禽
23	临西县	临西尚品	市级	全品类
24	清河县	清河山楂	市级	中药材

续表

序号	县（市、区）	品牌名称	级别	产业类别
25	沙河市	沙河板栗	市级	果品
26	南宫市	南宫黄韭	省级	蔬菜

邢台市农产品区域公用品牌分布，如图3所示。

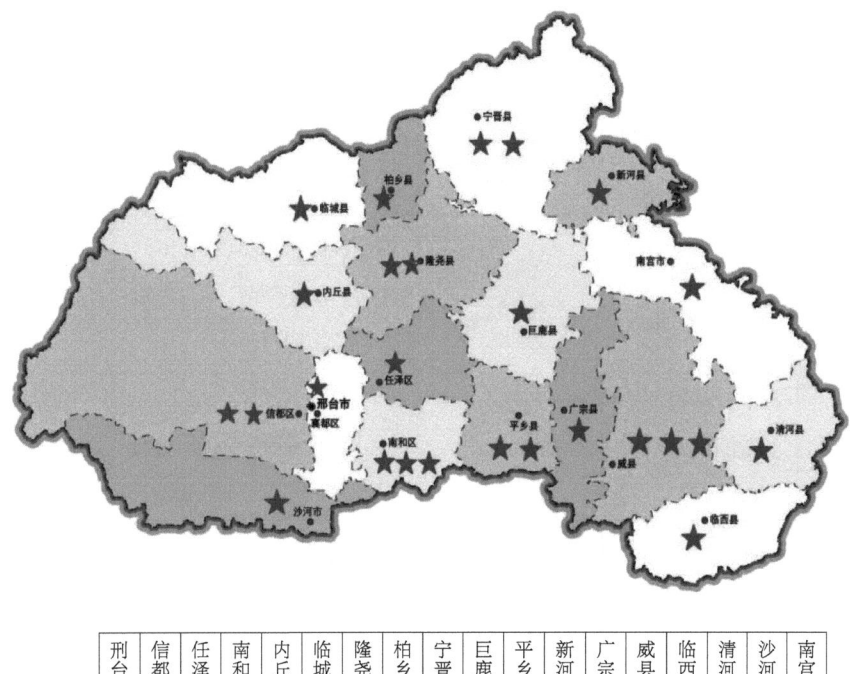

	邢台市	信都区	任泽区	南和区	内丘县	临城县	隆尧县	柏乡县	宁晋县	巨鹿县	平乡县	新河县	广宗县	威县	临西县	清河县	沙河市	南宫市
总数	1	2	1	3	1	1	2	1	2	1	2	1	1	3	1	1	1	1
市级	0	1	1	1	0	0	0	1	1	0	1	1	1	1	1	1	1	0
省级	1	1	0	2	1	1	2	0	1	1	1	0	0	2	0	0	0	1

图3 邢台市农产品区域公用品牌分布

（二）企业品牌行业影响力强

邢台市目前拥有省级农业领军企业品牌10个、市级农业领军企业品牌7个（见表8）。其中，河北金沙河面业集团有限责任公司是全球最大的挂面生产基地,被中国粮食行业协会评为2021年"挂面加工企业10强""小麦粉加工企业50强";玉锋实业集团有限公司是全球最大的维生素B12生产基地,是国家农业产业化龙头企业100强;今麦郎食品有限公司是全国最大的方便面食品生产基地,入选农业农村部"2022年农业品牌创新发展典型案例",是河北省唯一一家入选企业案例。

表8　邢台市农业领军企业品牌

序号	企业品牌	品牌标志	主营产品	级别	所属地区
1	今麦郎食品有限公司	今麦郎	方便面、挂面、面粉、饮品	省级	隆尧县
2	玉锋实业集团有限公司	玉星	粮食收储、食品、油脂、功能糖醇、动物饲料	省级	宁晋县
3	河北金沙河面业集团有限责任公司		挂面、面粉	省级	南和区
4	河北绿岭果业有限公司	绿岭公司	核桃	省级	临城县
5	河北兴达饲料集团有限公司		饲料、面粉、兽药、畜禽	省级	沙河市
6	河北富岗食品有限责任公司	FRUIT GO 富岗食品	苹果	省级	内丘县
7	河北华威食品有限公司	宁威	饼干、糕点	省级	宁晋县

续表

序号	企业品牌	品牌标志	主营产品	级别	所属地区
8	河北天凯食品有限责任公司		鸡蛋	省级	沙河市
9	柏乡县翔择农业科技有限公司		羊肚菌	省级	柏乡县
10	邢台润玉食品有限公司		野生酸枣汁、酸枣仁膏	省级	内丘县
11	河北今旭面业有限公司		生湿面制品（半干面）	市级	隆尧县
12	河北蒙羊食品有限责任公司		牛羊肉片、牛羊肉水饺、熟制带骨火锅食品	市级	巨鹿县
13	河北季澳食品有限公司		黄桃、杏、苹果、梨、草莓	市级	广宗县
14	邢台市南和区万客来蔬菜种植专业合作社		小麦粉	市级	南和区
15	河北食全十美食品科技有限公司		速冻食品	市级	清河县

续表

序号	企业品牌	品牌标志	主营产品	级别	所属地区
16	柏乡县九谷面业有限责任公司	近心农业	西红柿、黄瓜、茄子、辣椒、西葫芦等蔬菜	市级	柏乡县
17	河北旺泉食品有限公司	R润浪	金银花植物饮料、果蔬汁饮料	市级	巨鹿县

邢台市农业领军企业品牌分布，如图4所示。

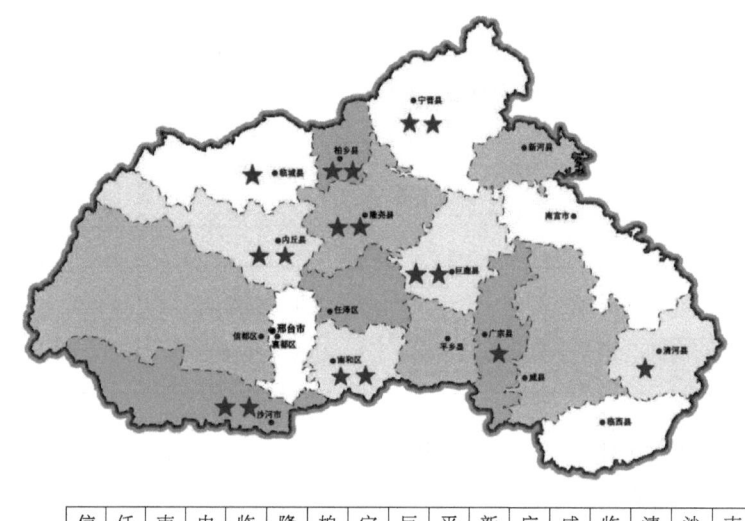

	信都区	任泽区	南和区	内丘县	临城县	隆尧县	柏乡县	宁晋县	巨鹿县	平乡县	新河县	广宗县	威县	临西县	清河县	沙河市	南宫市
总数	0	0	2	2	1	2	2	2	2	0	0	1	0	0	1	2	0
市级	0	0	1	0	0	1	1	0	2	0	0	1	0	0	1	0	0
省级	0	0	1	2	1	1	1	2	0	0	0	0	0	0	0	2	0

图4 邢台市农业领军企业品牌分布

（三）"两品一标"认证数量全省领先

邢台市"两品一标"认证企业或主体120家、认证产品228个，其中，绿色食品认证企业99家、产品174个，有机食品认证企业11家、产品44个（见图5），地理标志农产品认证主体10家、产品10个。邢台市"两品一标"认证企业和产品数量均位居全省前列，地理标志农产品认证企业和产品数量居全省第一位，有机产品认证数量居全省第二位，绿色食品认证数量居全省第三位。

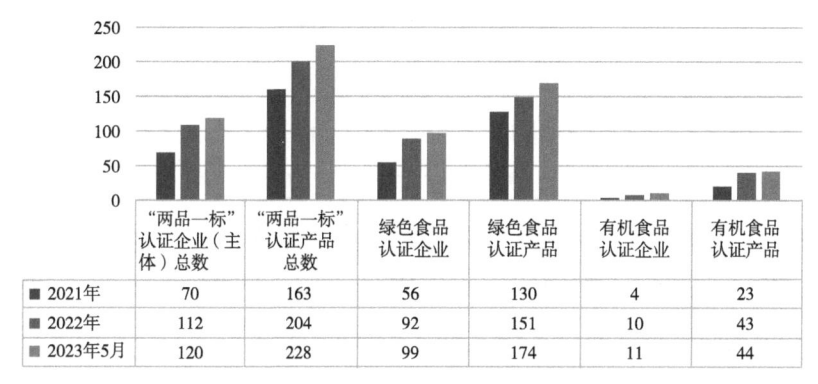

	"两品一标"认证企业（主体）总数	"两品一标"认证产品总数	绿色食品认证企业	绿色食品认证产品	有机食品认证企业	有机食品认证产品
2021年	70	163	56	130	4	23
2022年	112	204	92	151	10	43
2023年5月	120	228	99	174	11	44

图5　邢台市"两品一标"认证情况统计

邢台市"两品一标"品牌地域布局，如图6所示。

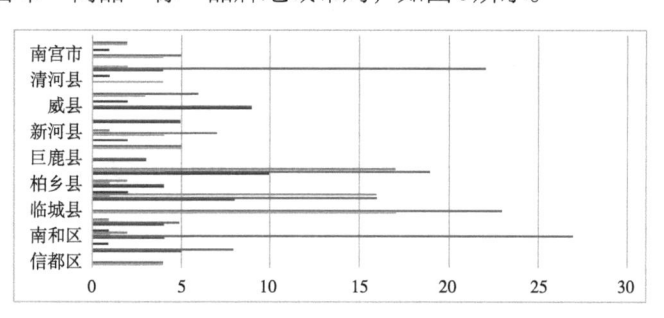

	信都区	任泽区	南和区	内丘县	临城县	隆尧县	柏乡县	宁晋县	巨鹿县	平乡县	新河县	广宗县	威县	临西县	清河县	沙河市	南宫市	开发区
地理标志产品	0	1	1	0	0	2	0	0	2	0	0	2	0	1	0	1	0	
有机认证产品	0	0	2	0	16	2	17	0	0	1	0	0	0	0	0	5	0	0
有机认证企业	0	0	1	0	1	1	4	0	0	0	0	0	0	0	0	2	0	0
绿色认证产品	4	8	27	5	23	16	4	19	3	5	7	5	9	6	4	22	5	2
绿色认证企业	4	5	4	4	17	8	4	10	3	4	5	4	9	3	4	4	4	2

图6　邢台市"两品一标"品牌地域布局

二、邢台市农业品牌发展主要经验做法

（一）做好区域公用品牌打造提升

邢台市采取以下措施做好区域公用品牌打造提升：一是打造提升重点区域公用品牌。近期邢台市重点打造提升"巨鹿金银花""邢台酸枣仁"区域公用品牌。突出品牌短板和不足，聘请第三方专业公司对"巨鹿金银花"进行创意策划设计，规范品牌视觉应用。对品牌的无形资产申请法律保护，除已注册的"邢台酸枣仁"商标之外，还对品牌的图形专利权、主视觉的专利权等申请了保护。二是加大农业品牌支持力度。为充分调动各县（市、区）打造区域公用品牌的积极性，遴选区域公用品牌进行重点支持，支持打造提升"清河山楂""南宫黄韭"两个区域公用品牌。三是开展品牌打造专项活动。开展全域区域公用品牌打造提升活动，塑造邢台农业的整体品牌形象，统领单产业、单品类等农产品区域公用品牌和企业品牌的对外宣传推广，提升品牌形象和影响力。

（二）广泛宣传名优农产品品牌

邢台市开展了一系列农产品品牌集中宣传活动。一是高位组织推动。邢台市委、市政府领导亲自部署、多次组织开展名优农产品推介活动。2020年12月16日，以市委、市政府的名义在北京举办了邢台酸枣仁区域公用品牌发布会；连续两届在威县组织举办河北省梨电商大会，连续四届在任泽区举办国际十字花科蔬菜产业大会；先后承办了河北省首届中国农民丰收节、第六届京津冀（内丘）中药材产业发展大会暨扁鹊文化节等一系列宣传活动。二是扩大行业影响。围绕提升行业地位和产品竞争力，在国内首个发布"巨鹿·中国金银花产业指数"，成为国内行业风向标，巨鹿金银花成为中国特色农产品优势区、全国百强农

产品区域公用品牌和河北省"十大冀药"。市农业农村局创新发布酸枣仁产地价格指数和企业从业景气指数,通过价格指数让企业和从业农户实时掌握酸枣产业变化情况,进一步提高生产经营决策效率。三是重磅媒体宣传。围绕提升邢台市优质农产品的品牌关注度和品牌美誉度,积极在各级媒体上进行宣传推介,分别在中央电视台综合频道(CCTV-1)和中央电视台农业农村频道(CCTV-17)播放巨鹿金银花品牌宣传片,在中央电视台财经频道(CCTV-2)宣传"邢台酸枣仁"区域公用品牌,在河北广播电视台卫星频道等省级媒体上播放内丘苹果、浆水苹果、威县君乐宝乳业、威县乐牛乳业、信都区德玉泉乳业等宣传片,在30多家省级以上文字媒体上宣传推介邢台市名优农产品。

(三)积极拓展品牌农产品销售市场

为拓展品牌农产品销售市场,邢台市采取了以下措施:一是面向全国。组织临城县、内丘县等5个县的6家企业参加2021"品味河北·我们在行动"暨河北品牌农产品进京对接推介活动,河北绿岭康维食品有限公司做现场推介。组织信都、巨鹿等部分县(区)的相关企业参加第四届中国国际茶叶博览会。在广州世界农业食品博览会举办了"邢台酸枣仁"品牌宣传推介活动。组织任泽区河北泽禧生物科技有限公司参加中国国际服务贸易交易会,助力邢台酸枣仁产品拓展外埠市场。组织临城赵阔食品有限公司、河北绿蕾农林科技有限公司等参加2022"品味河北"进京推介会暨河北"菜篮子"品牌农产品"六进"活动。组织邢台酸枣仁、隆尧鸡腿葱、威县威梨等6个农产品区域公用品牌的8家核心企业参加河北品牌农产品北京"六进"行动暨环京蔬菜共建基地启动仪式,其中,邢台酸枣仁、隆尧鸡腿葱做现场推介。二是面向全省。组织内丘县富岗苹果、信都区浆水苹果参加线上河北广电传媒集团"2022年俗文化节",助力品牌农产品线上销售。组织今麦郎食品股份有限公司、河北凤韩食品有限公司、邢台内丘润玉食品有限公司、河北绿岭合田食品有限公司参加省农业农村厅组织的东方甄选抖音直播，扩大农产品销售市场。三是立足本地。编制《农产品产销对接服务指南》，为供需双方提供联系方式。组织脱贫地区51家品牌农产品企业参加邢台市2022年中国农民丰收节品牌农产品展览展示，平乡桃进行了现场推介，通过国家级、省级媒体平台对展示活动进行了全面报道，扩大了活动知名度和影响力；组织信都区、沙河市、内丘县、宁晋县、威县等15个县（市、区）的品牌农产品参加"百家农业头部企业进邢台"（北京）招商推介活动。

（四）加快推进标准化生产

邢台市围绕加快推进标准化生产采取了一系列措施。一是统筹制定全年工作方案。按粮油、果蔬、畜禽、水产分行业印发《2022年邢台市农业标准化生产推进方案》，对全年工作进行了安排，并按照方案进行任务分解。大力推进标准化生产，引导农产品生产者按标准生产，严禁违规用药，严控药残留超标，保障农产品质量安全水平。二是做好省市级地方标准制修订工作。以优良新品种、绿色高质高效技术推广应用和农产品质量安全等为重点，拓宽标准制定范围，组织制修订省市级农业地方标准，鼓励规模生产主体制定严于国家标准的企业标准，2022年组织申报省级地方标准8项。

（五）强化农产品质量安全追溯体系建设

邢台市委、市政府采取了一系列措施来强化农产品质量安全追溯体系建设。一是印发《邢台市农产品追溯体系建设方案》，对全年追溯工作进行安排部署；省农业农村厅与省市场监督管理局联合印发《关于强化产地准出市场准入管理、完善食用农产品全程追溯机制的意见》《关于落实食用农产品重点品种产地准出市场准入制度的通知》，持续加强食用农产品产地准出市场准入衔接工作，依托河北省农产品质量追溯平台，大力推进食用农产品追溯系统普及应用。二是组织开展联合检查。省农业农村厅与河北省市场监督管理局联合对农产品批发市场、大型超市等场所开展监督检查，实地查看产地电子二维码合格证的出具情况及市场销售端的追溯过程。三是扎实推进"阳光农安"行动，2022年依托省级平台开展电子追溯，主体数量达到1473家，开具电子合格证51293个。

三、邢台市农业品牌发展存在的问题

（一）知名品牌还不够多，品牌建设水平还有差异

尽管邢台市整体农产品品牌建设具有一定规模，取得了一些成效，但是与发达地区相比品牌影响力还不足，知名度还不够，县（市、区）之间的品牌建设也存在一定差异。临城核桃、巨鹿金银花入选中国百强农产品区域公用品牌，巨鹿金银花入选2019中国农业品牌目录，品牌综合影响力强，品牌发展水平相对较高；而邢台贡梨、大广归宗、临西尚品等品牌尚处于发展初期，品牌综合影响力有待提升。另外，隆尧、威县、南和3县（区）均有两个品牌晋级省级区域公用品牌，而清河、沙河、新河、柏乡、任泽、广宗、临西7个县（市、区）均未有品牌晋级省级区域公用品牌；内丘、宁晋、沙河3个县（市）已有两个省级领军企业品牌，信都、任泽、平乡、新河、临西、南宫6个县（市、区）均没有省、市级领军企业品牌。

（二）品牌意识还不够强，企业主动推进品牌建设尚需加力

农产品区域公用品牌是农业品牌的重要组成部分，是政府部门推动农业品牌建设带动地方经济发展和促进农民增收的重要抓手。虽然一批大型企业在品牌建设上积极推进，且成效显著，但全面对比分析可知，

大部分农业生产主体对农业品牌作用认识不够，工作中存在重视农业生产、不重视农业品牌的现象。由于长期受到传统农业生产方式和经营理念的影响，多数农业生产主体仍满足于传统的农产品经营方式和营销模式，依赖传统的销售渠道和销售方式，对打造市场品牌缺乏足够的认识，对创建农业品牌的积极性、自觉性、主动性相对较低，缺乏打造农业品牌的长远规划。很多市场主体对"品牌"概念理解不深，认为注册了商标就拥有了品牌，把品牌与商标混为一谈。

（三）销售渠道还不够广，品牌引领带动消费功能尚未充分发挥

当前邢台市品牌销售渠道构建体系仍处于发展初期，各自为政多、权威渠道少、信息交互乱。特色优质农产品大部分各自搭售、自谋出路，多借助单一主体销售渠道，仅做当季销售，渠道构建不稳固，常出现销售断链的情况，不利于品牌发展。现下已进入互联网消费时代，消费者对品牌农产品的消费方式和采购渠道出现了明显改变，网购成为市场消费的重要渠道，但是邢台市农产品销售还处于以线下销售为主、线上销售为辅的模式，不太适应当下的营销模式，应用线上渠道制造"爆款""爆品"农产品的营销手段还有较大差距。

（四）专业人才还不够多，品牌建设发展投入还不够大

品牌建设是一项对学术专业水平要求较高的工作，目前邢台市农业系统内品牌人才不足，各县（市、区）品牌建设相关负责部门与负责人的品牌专业水平还有差距，具有品牌专业知识的人员严重不足，队伍素质亟须提升。在资金方面，邢台市农业品牌建设资金以上级专项资金为主，以县级财政与企业配套资金为辅，整体用于品牌建设方面的资金保障能力不足，品牌建设断断续续，不能一鼓作气形成一套完整系统，品牌提升运营难以保障；加之大部分品牌建设主体资源、资金能力较

弱，导致产业发展与品牌建设的能力和积极性受限，品牌难以持续蓬勃发展。

四、邢台市农业品牌发展建议

（一）科学制定品牌发展战略

按照因地制宜、发挥优势的原则，统筹制定农产品品牌建设规划，合理确定农产品品牌的规模，科学培育差异化、特色化的农产品品牌，避免同质化竞争。加强优势农产品资源开发利用，对各地区的优势资源进行科学规划，通过优势产业的确定，一定程度上形成地区产业发展路径依赖，减少地方政府在产业发展方向上的不稳定性；同时，加强品牌规范化管理，督促农业品牌主体单位和管理协会对已经建立的农产品品牌开展规范使用管理，建立具体生产标准，规范产品品质管理以及准入、准出条件，促进品牌持续健康发展，提高品牌的美誉度，引导品牌消费价值导向。

（二）大力促进品牌创建提升

坚持政府推动、市场运作、产业支撑，培育、提升农业品牌，壮大邢台农业品牌集群。对已经打造和创建了市级和省级品牌的县（市、区），要抓好农业品牌完善提升工作，重点做好已创建品牌的知识产权保护。对还没有创建和培育出具有明显优势产业品牌的县（市、区），要紧密结合产业基础，对标先进区域品牌发展模式，筛选、培育、创建自己的优势农产品品牌，以提升品牌核心竞争力为目标，夯实基础支撑，依托各区域优势产业基础，根据各品牌的现状特点、短板，实施"一品一策一方案"，聘请一流专业团队，设计品牌整体形象标识，逐一制定、完善、提升品牌发展规划，支持农业品牌发展。

（三）持续提升农产品质量水平

农产品质量是农产品的内核，也是农产品生产企业的生命线。要持续推动品种培优、品质提升、品牌打造和标准化生产，鼓励农产品生产经营者之间通过深化区域合作、产业链合作，联合打造区域公用品牌或产业链品牌，提升品牌影响力。要大力推进农产品消费升级，转变农业生产观念和生产方式，持续推进化肥农业减量增效，促进农业生产绿色转型，推动农产品绿色有机，促进农产品从"吃得饱"到"吃得健康"再到"吃得幸福"转变。要加强科技创新的支撑作用，加大以绿色农业、质量农业为导向的科技研发投入，以数字农业赋能农业生产、产品销售，助力农产品质量提升。

（四）强化品牌发展激励保护

制定出台促进农业品牌发展的奖励和保护政策，充分调动农业生产者在"品牌农业"创建中的积极性。要加大产业支持力度，为产业主体的品牌建设提供资金政策保障，引导农业产业主体积极进行品牌建设、创新、发展，进一步优化农产品区域公用品牌发展环境。要引导有条件的市场主体开展"两品一标"、国家地理标志证明商标、国家地理标志保护产品以及省著名商标和省名牌产品的申报，对成功获得认证的企业给予一定的资金政策支持。要将品牌的培育和保护纳入法治化轨道，严厉打击假冒伪劣产品，保护品牌形象和利益，为品牌农产品的生存与发展创造良好的秩序和环境。

（五）提高品牌推介传播声量

深入挖掘品牌产品的历史文化、外形口感等特点，通过电视、电台、报纸、路牌等传统媒介以及微信公众号、抖音、网站等新媒体，策划开展品牌系列宣传推广活动，积极冠名关注度高、有影响力的赛事活动，拓展传播渠道，增加覆盖层次，扩大品牌影响力。深入挖掘农业的生产、生活、生态和文化等功能与内涵，整理、收集、讲好农业品牌故事，培育具有文化底蕴的邢台农业品牌，提升邢台农业整体品牌形象。

（六）做深做广市场销售渠道

着力实施渠道拓展行动，深入挖掘农产品批发市场、大型商超、外贸出口等潜力，把原有传统销售渠道做精、做细、做活；深化与京东商城、阿里巴巴等电商平台的战略合作，融合线上服务、线下品鉴、场景体验等新模式，把新渠道做广、做宽、做多；组织举办系列邢台农业品牌专题对接活动，以"走出去，请进来"为思路，邀请省内外采购商、供应链企业来邢台市实地考察，积极组织品牌农产品企业参加中国国际农产品交易会，参加在北京、上海、深圳等一线城市举办的品牌农产品展览，开展产销对接和品牌宣传推介活动。

（七）抓好专业人才队伍建设

加强农业系统品牌知识培训，充实工作人员，稳定品牌队伍，邀请权威专家通过"大讲堂"等方式开展授课，普及品牌知识，做到每个县（市、区）都有人懂农业品牌工作，能够胜任农业品牌建设工作，增强全市农业系统干部农业品牌规划设计水平和品牌管理能力。加大对农业产业主体的品牌培训力度，扩大培训规模、提高培训水平，提升产业主体品牌建设的自觉性、积极性与专业性，打造一支专业化的农业品牌创建运行维护队伍，提高邢台农业品牌建设整体水平。

（八）持续推进农业标准化生产

邢台市采取以下措施持续推进农业标准化生产：一是加大标准宣传贯彻力度，强化标准的转化、推广和应用，以粮油、果蔬、畜禽、水产品为重点，结合《河北省农业标准化生产手册》汇编的省级农业地方标准和当地实际，指导生产单位制定配套的生产技术规程，推动各类示范基地（场、区、园等）实施标准化生产。强化农兽药残留限量等强制性标准的宣传培训，督促生产经营主体按标准生产，落实禁限用和休药期间隔期等规定，严厉打击违规用药行为。二是强化全产业链标准化生产典型示范。以绿色食品、有机农产品标准为基础，聚焦特色产业集群、现代农业示范园区和高端精品，按照省农业农村厅开展的绿色优质农产品全产业链标准化试点项目实施方案和国家现代农业全产业链标准化示范基地创建方案，重点打造河北富岗食品有限责任公司、河北凤归巢生态农业开发有限公司、河北国疛农业开发有限公司等绿色优质农产品全产业链标准化试点（基地）和宁晋县民旺种植专业合作社，组织开展国家现代农业全产业链标准化示范基地创建，发挥"标准化+"效应。其中，富岗苹果和河北农业大学起草了《地理标志产品富岗苹果生产技术规程》省级地方标准，包括产地环境、生产环节、产品质量控制等生产标准规范。以试点为基础，持续带动全市农业特色产业发展，不断完善农业投入品管控、质量追溯、绿色优质生产技术规程、加工、销售等全链条化农产品质量控制标准体系，培育富岗苹果等农业企业标准"领跑者"。

（九）政府平台公司投身品牌产业建设

河北路航实业集团有限公司成立于 2009 年，是邢台市国资城乡发展基础设施建设的综合服务商，在中国交通建设集团有限公司的乡村振兴战略的引领下，以乡村振兴基础设施建设、产业投资和商贸业务为方向，积极围绕"邢台酸枣仁""巨鹿金银花"等邢台地域特色品牌，发挥投资、建设、运营、合作智囊团的多方优势，利用各项资金、采用新技术、引进多类别多行业的经营者，将乡镇或片区整体进行谋划、项目打包，创建品牌产业园区，立足乡村基础设施建设、智慧农业、高标准农田建设、农村人居环境整治、农业一、二、三产融合、农业产业园区、农产品仓储物流建设、公路、市政、房建、园林、水利等乡村振兴领域的"投、融、建、管、运"等项目开展各项业务。以县域为重点，以规划做引领，发挥河北路航实业集团有限公司的"投、融、建、管、运"全链条优势与模式做整县推进，携手打造具有鲜明亮点及示范意义的乡村振兴示范区。

唐山市：品牌强农，打造农业高质量发展引擎

近年来，唐山市大力实施品牌战略，把农业品牌建设作为深化农业供给侧结构性改革和实现农业现代化的重要抓手，坚持以农产品质量安全为基础，以提高农业质量效益和竞争力为中心，聚焦京津市场需求，拓宽品牌营销渠道，跑出品牌农业建设"加速度"。

一、京东门户：农业品牌区位优势明显，基础条件优良

唐山市位于河北省东北部，是环渤海经济带的重要组成部分，西接京津，东临渤海，北衔东三省门户，辖7区、4县、3个县级市，总面积1.35万平方千米，耕地756.45万亩，其中高标准农田面积600多万亩。

唐山市有着适宜农业发展的气候条件，属暖温带半湿润大陆性季风气候，四季分明，雨热同季，干湿季节明显，光能资源丰富。因东临渤海，气候在华北平原地区属于偏湿润的地带，有利于农作物成长成熟。

唐山市工业发达，钢铁、煤炭等资源丰富，尤其是化肥等农业基本物资产能充足，农业机械化普及率高，农业科研费用投入大，能够有效促进规模化生产，降低农业成本。

二、单点打透与多点开花：农业品牌化建设与农产品安全体系建设成为农业发展"双引擎"

（一）农业品牌量质齐飞

全市拥有农产品驰名商标10个、农产品地理标志证明商标37个、国家农产品地理标志9个、国家地理标志保护产品6个；迁西板栗、唐山河鲀等17个品牌被评为省级区域公用品牌，河北栗源食品有限公司等12家企业被评为省级领军企业品牌，为打造农业高质量发展"唐山高地"提供了新引擎。

（二）农产品质量安全建设卓有成效

唐山市始终把农产品质量安全体系建设作为品牌农业发展的基础，坚持标准化生产与质量监管"两手抓"，全面打造"安全食品唐山造，绿色食品进万家"品牌，超过3700家农产品生产企业被纳入唐山市"智慧农安"管理平台，实现了"标准可查询、生产可监控、销售可追踪、质量可追溯"。全市现有绿色食品认证企业86家、产品156个，标准化生产示范企业68家，优质产品年增幅超过10%，全市农产品质量安全监测合格率达到99.97%，唐山市被农业农村部认定为"国家农产品质量安全市"，成为全省唯一获此称号的地级市。

（三）坚持龙头引领，积蓄发展后劲

大力推广"龙头企业+合作社+基地+农户"的"四位一体"运营模式，重点鼓励新型农业经营主体发挥资金、技术、人才等方面的优势，积极参与品牌农业生产经营。目前，全市共有工商登记注册农民合作社11 499家（其中国家级31家、省级139家、市级342家），市级示范家庭农场421家（其中省级130家），市级以上农业龙头企业322家（其中国家级8家、省级103家）。在"迁西板栗"这一省级区域公用品

牌的带动下，2021年迁西县板栗栽植面积达到75万亩，产量达8万吨，产值达25亿元，栗农因栗人均收入4000多元，真正实现了"一个品牌带动一个产业，一个品牌富裕一方百姓"。

（四）坚持模式创新，拓宽销售渠道

大力开展线上线下一体化区域公用品牌营销活动，先后组织唐山市施尔得餐饮服务有限公司、唐山市美客多食品股份有限公司、唐山市野坊鲜互联网有机食品开发有限公司等企业利用抖音、京东商城线上平台进行品牌宣传营销。通过打造线上宣传视频号等方式，鼓励、指导、培训本地农业企业及农民自己直播带货，尝试网络直播营销新模式，积极探索"互联网+"销售模式，形成线上宣传、订单，线下展示、营销的新格局。滦南县东黄坨镇掀起全镇薯农线上直播带货高潮。自甘薯收获以来，通过视频号联系订购、各账号线上直播带货等途径，全镇甘薯月销量比上一年度增加了一倍，达到100万千克，销售额达400万元，让更多的薯农获得了直播带货福利。

三、多管齐下的农业品牌建设与推广

（一）品牌培育呈现新亮点

唐山市品牌培育呈现以下新亮点：一是"迁西板栗"被纳入2022年国家农业品牌精品培育计划（全省共有4个品牌被纳入该计划），并在第五届中国农民丰收节四川主会场进行深入宣传，"迁西板栗"在全国的品牌知名度和品牌美誉度得到进一步提升。二是"滦南大米""玉田甲鱼"成功获评河北省农产品区域公用品牌；"尚禾谷""丰源香"成功获评河北省领军企业品牌，唐山市农产品区域公用品牌和领军企业品牌数量分别达到17个和12个，整体品牌数量继续领跑全省。

（二）品牌宣传进一步强化

针对唐山河豚、乐亭甜瓜、遵化香菇等省级区域公用品牌，充分利用河北日报、河北新闻网、抖音、今日头条等媒体平台，通过报纸、短视频、手机直播等方式进行全方位宣传，累计观看人数超过1000万人次，播放量超过1500万次，唐山市品牌农产品社会影响力进一步扩大。

（三）品牌推介多渠道展开

唐山市多渠道展开产品推介。一是先后组织遵化香菇及滦南大米生产企业参加河北品牌农产品万里行广市站、西安站（线上）活动，通过宣传推介，为唐山市食用菌及大米生产企业开拓全国市场奠定了基础。二是积极推荐唐山市施尔得餐饮服务有限公司、唐山市美客多食品股份有限公司以及玉田县两家企业分别参加抖音"东方甄选"河北农产品直播活动和"京东农特产购物节"河北主会场线上营销活动，点燃了唐山农产品网络销售新引擎。三是指导滦南县、乐亭县成功举办中国农民丰收节系列活动，现场举办了甘薯采摘、网络直播、特色农产品展销等活动，唐山农产品通过活动展示推介获得了社会的极大认可。

下一步，唐山市将积极申请省、市资金支持，以迁西板栗为重点，加强对省级以上农产品区域公用品牌的宣传推介，通过提升品牌知名度和品牌美誉度加快唐山农产品走出去，不断释放品牌红利，促进农民增收、农业增效。

四、唐山市农业品牌发展提质十大举措

（一）实施品牌设计创新活动

唐山市应对标农业品牌发达地市发展模式，遵循品牌建设市场化规律，依托特色农产品的自然优势，结合文化民俗资源，深入挖掘传统加工工艺，不断对其核心竞争优势进行强化和延伸，提升区域公用品牌形象,增强品牌农产品溢价能力,依托一流第三方专业机构,力求打造有灵魂、有个性、有标识、有口令、有图腾、有保护、有地位、有价值、有市场的"九有"品牌。

依托第三方专业机构做好农业品牌研究、市场策划和定位,梳理产业结构,明确主导产业,定准市场方向,深挖市场潜力,制定品牌策略及农业品牌相关活动整体实施方案,提出工作要求,确定工作目标。建议借助国内一流的品牌设计打造和创意包装团队,从产品差异化分析、商业模式策划、品牌灵魂注入、统一视觉体系建立等专业角度出发,在农业品牌打造的各个环节进行指导服务,针对唐山农产品进行包装设计、创意打造以及市场营销推广策划,提高品牌打造专业化水平,提升品牌价值。

(二)开发建设唐山"名优特新"农产品信息化平台

搭建唐山"名优特新"农产品信息化平台,开发农产品区域公用品牌授权管理、质量管理、数据管理及数据分析等功能模块,促进唐山优质绿色农牧产品品牌化、管理数字化、营销市场化的高效品牌运营市场化体系的形成。

平台建设以国际统一标识 OID 体系为基础,采用国家标准的标识数据技术,按照数据采集分析要求,设计实施可定制化的流程体系,实现基于 OID 统一编码标识的产品品牌数据采集、存储、管理及分析,利用 OID 唯一身份编码标识的优势,实现品牌管理系统与产品信息发布系统、电商平台、销售渠道及企业管理系统的连接。平台支持消费者一键扫码查询、一键扫码购买,为唐山"名优特新"农产品品牌产业化、数字化管理发展及完善供应链建设提供有效的数字化管理手段。

1.区域公用品牌管理

建设唐山市区域公用品牌信息化数据存储中心,方便对唐山市的区域公用品牌进行统一管理、统一查询和统一授权。

唐山市区域公用品牌信息化数据存储中心设有区域公用品牌备案、区域公用品牌变更登记、区域公用品牌停用和区域公用品牌授权发布等功能模块。

2.责任主体备案管理和产品备案管理

依托国家OID注册中心，为唐山市的农业企业和合作社注册OID统一编码标识，同时对唐山市的农业企业和合作社的产品、场地、投入品等进行编码，生成OID品牌身份可追溯标识。

3.产品生产流程数据采集与管理

为唐山市的"名优特新"农产品按照企业和合作社的实际生产经营过程定制产品数字化管理追溯流程，确保品牌授权产品的数据采集真实有效。

4.区域公用品牌身份标识标签的注册与管理

区域公用品牌授权的企业应依据唐山市"名优特新"农产品信息化平台的规则要求统一进行注册并生成品牌追溯码；设计并制作区域公用品牌可追溯数字标签，企业和合作社在销售区域公用品牌授权产品时进行数据采集和管理，实现品牌产品供应链的全过程数字化管理。

5.品牌数据管理与分析

根据唐山市"名优特新"区域公用品牌的监管及决策需求，基于品牌数字化管理、品牌产品生产全过程管理、品牌产品存储运输管理、品牌产品加工管理、品牌产品物流销售等数据的采集与应用，实现多维度数据的关联挖掘分析，利用数据可视化技术，构建唐山市"名优特新"农产品大数据分析系统，实现品牌数据信息的全景展示、品牌产品类别占比分析、品牌标识申请与使用排行榜；从年份、区域、企业、品种等多个维度进行数据对比分析，及时发现潜在问题和安全隐患，为政府监管、企业生产经营提供精准有效的分析决策参考。

（三）唐山市区域公用品牌理念与形象体系建设

唐山市"名优特新"的品牌命名及品牌视觉识别系统（VI）是唐山市区域公用品牌新基建项目的重要组成部分，承载着唐山市绿色农牧产业发展的思想，指引未来市场化的发展方向，是唐山农牧的精神文化符号；优秀的区域公用品牌能够最大限度地激发农业生产主体的创造力和活力，帮助有创新思维的优质企业跑到前列，以品牌为纽带，形成品牌产业联合体，有效提升产业联合体的市场化和产业化水平及整体影响力，逐步形成品牌数字化资产。区域公用品牌理念与形象体系建设主要有以下几项内容。

1.基础命名及理念梳理

根据唐山市优质农牧业发展特点、产业形态、区域文化及未来生态发展定位进行概念及文字梳理，品牌战略性口号（Tagline）、战术性口号（Slogan）的理念传达，以及品牌命名。

2.形象打造（品牌标识设计）

根据品牌命名与项目需求设计标识产业调研问卷；根据品牌理念及内涵，结合产业发展思路，进行色彩和图形标识设计；根据色彩图形及文字字体配合度形成合成方案。

3.系统规范（VI系统）

系统规范包括两项内容：VI基础，字体颜色规范；VI应用，结合VI应用使用场景（海报、办公、商务礼品、宣发物料）。

4.场景应用（品牌宣传册制作）

根据品牌理念，结合VI系统规范，进行文字介绍及结构梳理；根据文字基础工作进行形象设计及排版编制；根据使用场景定制宣传材料。

5.品牌资产（商标注册）

品牌资产要做好两项工作：一是注册项目查验，根据商标注册重叠度进行初期预查工作（根据实际申请周期确定）；二是注册申报，根据类目进行申请填报工作。

（四）品牌管理制度建立

强化区域公用品牌监管机制，规范使用区域公用品牌标识，维护生产者、经营者和消费者的合法权益，推进唐山市"名优特新"农产品产业高质量发展。

1.唐山品牌价值评价

对市内产品品牌在细分行业和品类中的知名度、美誉度、首选率评价体系，由调研机构数据和营销大数据两部分组成。按年度评估，主要用于评测品牌的可量化商业价值，以确定品牌成长性。

2.品牌与衍生品牌、子品牌关系管理

随着品牌知名度的提升和产业链深度发展，围绕母品牌会诞生衍生品牌和子品牌，以进一步拓展市场份额的广度和深度。由品牌向品牌集群发展，是产业走向成熟的标志。规范这个过程，有助于维护母品牌的良性发展，有助于母子品牌相互借势，从而最大限度地发掘品牌价值。

3.品牌年度推广计划与中长期战略规划

围绕本年度产品的销售需求及市场策略制定中长期战略规划，基于市场竞争对手和消费者需求，制定差异化、特色化和可持续发展的品牌战略。

4.品牌授权与标准化使用规范

研制品牌授权流程及使用规范。

5.品牌与价格体系指导规范

建设优质的品牌农产品质量管理体系，完善品牌产品价格体系。

6.品牌承诺人制度

建设从品牌到"品牌+代表性人物"信用模式，结合以"品牌产品产地+互联网营销渠道"模式为核心的综合优势，为当地龙头企业与合作社的产品建立市场强背书，构建唐山"名优特新"农业品牌信用创新模式。

（五）唐山区域公用品牌产品产地端供应链公共服务基地建设

1.建设产地端区域公用品牌产品供应链服务基地

采取直接购买仓储服务或者建设产地仓储物流配送基地（其中冷藏库、冷冻库根据具体情况确定规模）的方式，为区域公用品牌产品生产企业提供集中仓储服务、集中物流服务、集中售后查询等公共服务。

2.建立区域公用品牌产品数据采集及对接机制

针对唐山市品牌产品生长、收获、节日安排及日常营销，采集农产品的生长培育（田间地头）、生产加工（标准化）等过程素材，凸显"唐山市优良自然环境造就好物，良好管理造就好物"的主题思想，建立与安心购营销团队的数据对接机制，形成品牌产品从产地端到消费地端的合力，共同促进唐山市区域公用品牌产品全年整体品牌推广和销售达成。

3.建立针对品牌产品的安全服务体系

对于品牌产品通过品牌供应链基地进行出库商品抽检：初级农产品重点进行品相、口感等涉及质量标准的查验；加工农产品重点进行包装是否破损等包材物流的查验。区域公用品牌产品供应链公共服务体系的整体建设，有效促进了区域公用品牌产品渠道建设信息流、物流、资金流的高效运转。

（六）品牌与平台培训

通过对品牌产业经营管理者和产业发展具体参与者进行系统化培训

与指导，培养一批懂品牌营销、善于做品牌管理的专业人才，将珍惜品牌荣誉刻入每一个生产经营人员的意识中。

通过培训和实际应用，让各级使用者了解现代化互联网技术与生产销售方法，让从业者能用得好、用得巧、用得全面和体系化。通过培训加强唐山市农业企业人员的信息化应用能力。

1. 培训课程的定制开发

标准化、模块化课程体系，结合本地特点，梳理成定制化的课程体系。

品牌与平台培训的核心课程包括品牌与区位优势的共生性，品牌成长与质量管理的关系，品牌成长与销售策略的关系，品牌价值与定价权，电商与品牌经营——矛盾与出路，平台运营概述——意识与基本素质，平台化与产品思维，信息化平台标准模块全应用，构建平台化生态体系，等等。

2. 培训方式

品牌与平台培训采取三种培训方式，即现场授课、音视频授课、日常咨询顾问，基于课程内容以及生产经营实际过程中出现的问题，通过专线电话和IM工具（聊天工具），实现长期咨询答疑。

（七）以会为媒，提升唐农社会知名度

充分发挥河北省农产品品牌协会的聚力作用，通过举办唐山市品牌农业展、唐山市品牌农产品创新创意设计大赛、唐山农业品牌创意设计"鹊桥会"、"唐山农产品牌寻根铸魂"活动，搭建龙头企业、家庭农场、合作社等品牌主体与农业电商、金融机构、策划宣传企业、市场渠道等合作共赢的桥梁。组织品牌主体参加"冀有好物线上助农""线上单品展销周"等活动，促进线上营销。积极组织品牌企业参加"品味河北"、中国农民丰收节、中国国际农产品交易会专题推介活动以及省

厅在京津冀、粤港澳大湾区、江浙沪等地举办的各类交流对接活动，在全市掀起"懂品牌、唱品牌、消费品牌"的热潮。

（八）实施品牌供应链打造行动

统筹唐山市各类农业园区建设，推动特色农产品全产业链打造、全产业链打穿、全产业链提升。全市应聚焦特色农产品加工园区和省级示范农业产业化联合体建设，将全市特色产品加工比率提升至60%以上。通过政策引导、市场参与的方式，推动农商互联，促进农产品流通企业与品牌主体进行全面、深入、精准对接，不断提高订单农业、产销一体、股权合作等长期稳定的农产品流通模式在品牌农产品流通中所占的比重，构建符合新时代农产品流通需求的农产品现代供应链体系，提升品牌农产品供给质量和效率。与河北航空有限公司、顺丰速运有限公司、京东物流集团等寻求合作，打通高端品牌农产品冷链物流渠道，以政府补贴、提升运量等方式降低空运成本，提高物流时效和品牌溢价。

（九）品牌新媒体传播矩阵

充分利用字节系（如抖音、今日头条）、百度系（如百度百科、百家号）、腾讯系（视频号、朋友圈、微信公众号）、小红书、知乎等多个平台的流量，建设官方号，整合各平台优质流量，建设和运营属于区域自己的私域流量，这是一种惠而不费的互联网营销方案。深耕北上广深以及一线、二线城市，打开高品牌溢价的消费者市场，以优质优价的消费理念以及文化情怀的黏性吸引力，构筑品牌"护城河"，把唐山市农业的整体品牌形象和影响力拓展到全国范围。以品牌农产品为支点，撬动唐山市一、二、三产业协同发展。

（十）实施品牌提质增效行动

质量是品牌的基础，品牌保障了消费者对质量安全的信心。按照"一个品牌抓一个特优区，一个特优区抓一个精品基地"的思路，抓好高端农产品打造，保障唐山高端品牌农产品均来自精品基地的核心生产区，有力提升唐山农业品牌的质量和含金量。

秦皇岛市：以地标产品为内核，发展特色的"冀"文化品牌

围绕实施乡村振兴战略，提高农业质量效益和竞争力，大力实施区域、企业、产品"三位一体"品牌发展战略，着力打造一批影响大、价值高、带动强的"冀"字号农产品品牌，推动河北省由农业大省向农业强省转变。结合秦皇岛市"十四五"规划及历次全会精神，制定秦皇岛市全域旅游及旅游产业的纵深发展战略，契合生态文明建设新要求，助力秦皇岛市提高特色农产品品牌知名度，促进品牌农业规模化发展。无论是从国家战略还是区域需求，农业品牌的发展与推广已然成为必须要进行的一项工作，秦皇岛市亟须通过农业品牌的提升来加强农业品牌的发展与农业提升。

一、秦皇岛市农业品牌的发展现状与建议

（一）秦皇岛市农业品牌发展现状

秦皇岛市现有耕地面积255.58万亩，农作物播种面积296万亩，乡村居住人口201.27万人。2022年，全市农林牧渔业总产值469.34亿元，同比增长4.2%。目前，秦皇岛市无公害产地认证294家、产品211个，绿色食品93个，有机农产品31个，昌黎葡萄酒、卢龙粉丝、京东板栗、石门核桃4个产品获国家地理标志认证。全市农业注册知名商标88个、著名商标116个，"骊骅淀粉""北戴河集发""中阿化肥"为中国驰名

商标；拥有农业领域省名牌产品18个、省优质产品15个，分别占全市名牌产品、优质产品总数的35.29%和50%，农业产品占据了全市品牌、商标的"半壁江山"，顶大、十八里粉条、辛集蔬菜、宏都、满药本草等一大批本地省级商标、名牌产品正在飞速发展。

面向全省农业战略，结合秦皇岛市农业特色，以及地少、地质风貌完整（平原、丘陵、山地）的农业特征，助力秦皇岛市供给侧转型升级，实现以精品农业的发展模式打造秦皇岛农业品牌。秦皇岛市农业品牌还存在农业品牌意识不高，容易出现"一窝蜂"现象的问题；品牌形象还有待提升，经常造成"不土不洋"的尴尬局面；品牌定位趋同现象依然存在，地理保护与区域公用品牌错用。

（二）秦皇岛市农业品牌发展建议

以问题为导向，品牌助力产业转型升级和区域转型升级，秦皇岛市为促进农业品牌发展，制定了"四步走"战略。

（1）规划产业。将区域优势与地理保护相结合，根据一个区域的特色凝炼成农产品的初加工、深加工、高附加值的产业谱系，指导产业的良性发展，催生产业龙头品牌，带动产业整体转型。

（2）塑造品牌。以现代化农业产业为基础，以秦皇岛特色农产品、国家地理标志产品为内核，以独具特色的"冀"文化为推手，以区域特色农产品、农旅综合体验、品牌馆为支撑，形成"农业品牌龙头+观光养生旅游+特色农产品品牌馆"的，将品牌运营、区域民俗、农业观光旅游、食疗康养产业等文化相互交融的特色风格，既能打造秦皇岛市的农业品牌，培育市场竞争力，促进供给侧改革，又可以对接京津冀协同发展下的农业产业提升，形成"一品、一片、一书、一馆、一路"的农业"五个一"工程，推动秦皇岛市的农产品品牌整体黏度升级，借助京津冀协同发展过程中京津两地的消费市场，将"一县一业、一园一牌"

串联成秦皇岛市农业的"一带一路"。

（3）包装提升。"一带一路"按照对应的环渤海海岸带与昌黎——卢龙——抚宁——青龙的旅游纵深发展格局，形成康养特色农业带，通过农业品牌纵深推进带动秦皇岛市农业的"一带一路"，将深山农产品带到沿海旅游带。塑造秦皇岛市农业品牌，打造区域产业优势，形成农业地缘品牌故事，整合农产品营销，让秦皇岛市农业走向世界。

（4）文化植入。品牌是信誉的凝聚，是品质的象征，也是文化的传承。近年来，秦皇岛市深入实施区域、企业、产品"三位一体"品牌发展战略，挖掘了一批特色鲜明、底蕴深厚的区域公用品牌，打造了一批"河北质造"、口碑优良的农业企业品牌，树立起一个深入人心的整体农业品牌形象。随着河北省《关于加快农业品牌发展的意见》的出台，借助省内政策优势打造了一批富于秦皇岛特色、中外驰名的农业品牌，极大地推动了秦皇岛市的旅游及康养产业发展，形成了新的产业推手。

二、秦皇岛市区域公用品牌建设现状与建设成效

农产品区域公用品牌作为农产品品牌的一个重要分支，对区域经济的发展有着很大的带动效果，同时也是农民增收的重要手段。秦皇岛市大力实施"三位一体"品牌战略，初步形成以农产品区域公用品牌为统领、以企业品牌为支撑、以产品品牌为重点的发展格局。昌黎葡萄酒、皮毛、旱黄瓜、玫瑰香葡萄，以及青龙北苍术、山海关大樱桃、卢龙甘薯、抚宁生猪、青龙绒山羊、昌黎扇贝获得"河北农产品区域公用品牌"项目支持，培育了一批市级区域公用品牌，提高了秦皇岛市农产品综合效益和市场竞争力，推动农业高质量发展。

（一）秦皇岛农业区域公用品牌建设现状

立足秦皇岛自然禀赋和特色农产品资源，以"秦皇福地，康养农品"为主题，按照"培树产业集群品牌，打造'河北品牌'，带动区域公用品牌，推出领军企业品牌，推广产品品牌"的思路，每个产业集群都形成"一带三"模式，即"1个集群整体品牌形象＋代表性区域公用品牌＋核心领军企业品牌＋农产品品牌"，进行全产业链发展，助力秦皇岛市特色优势产业集群高端化、精品化、品牌化建设。

（二）秦皇岛农业区域公用品牌推进措施与建设成效

组织参加河北省品牌农产品创新创意设计大赛，做好本地品牌设计优秀作品申报评选工作；积极参加全省产业集群品牌、区域公用品牌、领军企业品牌等品牌认定、评选、发布等活动，突出秦皇岛市品牌整体形象。

（1）举办农民丰收节。把每年秦皇岛市中国农民丰收节庆祝活动打造成为展示秦皇岛市农业新成效、农村新变化、农民新面貌的重要平台，通过集中展示"三农"事业丰收硕果，为加快推进秦皇岛市现代农业发展、实施乡村振兴战略提供不竭动力；同时要求各县区举办各类品牌展览推介宣传活动，把中国农民丰收节作为农业品牌一个重要的宣传推介平台。

（2）组织筹备参加中国国际农产品交易会等展会活动。按优势产业集群分区域布展，组织专题宣传推广和产销对接，展示发展成就，举办农业品牌专题推介活动，提高品牌产品销量，扩大品牌影响力。

（3）支持县区和协会举办活动。举办昌黎皮毛、昌黎葡萄（干红）、山海关大樱桃、卢龙甘薯、青龙板栗等产业发展大会或节庆活动，提升区域品牌影响力，促进产业发展。

（4）组织县区和企业、合作社参加专题产销对接活动。在北京、上海、深圳、广州、成都等地举办河北品牌农产品专题产销对接活动。在京举办贫困地区品牌农产品专题对接、京津冀品牌农产品产销对接、品牌农产品北京"六进"行动、品牌农产品进京年货节，提高北京市场占有率。

（5）充分利用媒体宣传。与河北省搭建的"央视+高端平台+新媒体+专业机构"宣传渠道和与阿里巴巴、京东商城、特优农品、河北省农产品电子交易中心等电商平台开展战略合作，加大秦皇岛市区域公用品牌和优势产业的宣传推广，中央电视台、新媒体开辟品牌宣传窗口，创新品牌宣传路径，拓宽宣传范围，定位宣传对象，营造农业品牌的宣传氛围，通过宣传媒介向全社会推广；发动县区向电商销售平台引流，利用"粉丝经济"帮助品牌农产品快速出货，提升品牌知名度。

三、秦皇岛市"两品一标"建设进展

2022年上半年，按照全国农产品质量安全监管工作会议中提出的完善认证和标志使用管理措施，大力推进农产品"三品一标"高质量发展的工作要求，秦皇岛市"两品一标"工作在河北省农产品质量安全中心的指导下，坚持以"加快提升国内绿色、有机农产品认证的权威性和影响力"为宗旨，立足资源区位条件和产业发展基础，以扩大基地规模、基地监测、产品认证、证后监管为着力点，大力发展绿色食品，因地制宜推进有机农产品认证开发以及农产品地理标志认证登记。推动农产品区域公用品牌建设，促进农业产业可持续健康发展。

（一）2022年上半年工作完成情况

2022年秦皇岛市"两品一标"工作按照抓认证、保续展、强监管的工作总基调，围绕质量强省考核年度目标，稳步开展工作，取得了一定成效。年度目标：年内新增"两品一标"认证产品20个。完成情况：

截至2022年6月底,秦皇岛市年度新增"两品一标"认证产品7个。全市"两品一标"认证产品数量达到151个(认证产品主要包括蔬菜、水果、干果、杂粮、食用菌、初加工产品及深加工产品)。其中,绿色食品新认证企业6家、新认证产品7个,完成了5家企业、5个产品的续展以及4家认证企业、6个产品的年检工作。经中绿华夏有机食品认证中心认证,保持认证的有机农产品有6家企业、20个产品。

(二)重点工作措施

按照农产品质量安全工作的总体部署,坚持以服务扩规模、以监管保质量,注重"数量与质量并重、认证与监管并举"的工作方针,积极开展工作。

(1)搞好调查摸底,进行宣传发动,提供全方位服务。为确保完成年初任务目标,秦皇岛市农产品质量安全监督检验中心(以下简称中心)安排专人对有意认证企业进行了详细的调查摸底,并根据作物农事季节指导县区拟认证企业准备申报材料,由市中心检查员、监管员认真审阅并提出修改意见,依据申报程序,安排现场检查、环境监测和产品检测,进行全方位服务。面对从业人员素质参差不齐以及对绿色食品认知程度不一的情况,中心在拟认证企业提出认证诉求的同时,对相关企业负责人和拟任命的内检员进行认证前的宣传讲解工作,宣传绿色食品理念,讲解绿色食品相关标准和要求。

(2)及时进行年检、续展,确保认证数量。根据企业认证时效,安排专人与到期应年检和续展企业取得联系,通知企业准备年检和续展材料,稳定认证基数基础。2022年秦皇岛市有45家认证企业、124个产品需年检,13家企业、32个产品到期应续展,截至2022年6月底中心完成了5家企业、5个产品的续展以及4家认证企业、6个产品的年检工作。

(3)加强证后监管,确保规范用标。坚持从严从紧,严谨执行标准，严格履行程序，严肃落实责任，优化业务流程，强化指导服务。认真落实各项监管制度，确保不发生重大质量安全事件。持续开展规范用标行动，做好新版《中国绿色食品商标标志设计使用规范手册》宣传推广和培训，持续做好包装标签备案等工作。为维护良好的市场秩序，确保绿色食品认证产品安全、可靠，配合农业农村部农产品质量安全中心和河北省农产品质量安全中心对秦皇岛市绿色食品企业开展产品抽检工作，共计抽检20个产品，抽检产品合格率达到100%。

（4）强化品牌宣传，树立品牌形象。按照省农产品质量安全中心要求，积极组织开展"春风万里 绿食有你"绿色食品宣传月行动，推进绿色食品进社区、进学校、进超市，引道媒体记者进企业、进基地、进市场。为提升品牌效应，充分借助涉农媒体资源优势和宣传平台，积极运用新媒体，采取短视频、网上直播等多种形式宣传绿色有机地标（绿色产品、有机产品、地理标志产品）工作，增强宣传效果。

（5）扎实开展培训，夯实监管能力。组织秦皇岛市（县、区）骨干人员参加由河北省农产品质量安全中心举办的绿色食品检查员、监管员培训班。通过培训进一步提高监管队伍素质，提升农产品质量安全监管水平，推进标准化进程，确保绿色食品认证的权威性和品牌影响力，为秦皇岛市绿色食品高质量发展奠定了良好基础。

（三）存在的问题

"两品一标"工作主要存在产品结构不合理、产业发展不平衡的问题。种植业及初级加工产品所占比重较大，畜产品认证还是空白。年检中存在农业投入品使用不当、生产管理记录不全、档案管理不规范等问题。

（四）2022年工作安排

根据农业农村部《关于实施农产品"三品一标"四大行动的通知》

文件精神，坚持稳字当头、稳中求进的基调，发挥"两品一标"在"品种培优、品质提升、品牌打造和标准化生产"中的积极作用，深入实施审查工作规范、规程进企入户、规范用标、品牌宣传月、队伍能力提升等行动，完成"两品一标"认证产品增长20个以上的年度目标，以"两品一标"发展助推农业高质量发展，助力全面推进乡村振兴。

（1）严格规范认证续展。为规范"两品一标"认证企业生产经营行为，贯彻全过程监管的总体要求，河北省农产品质量安全中心将按照《绿色食品标志许可审查工作规范（2022版）》的要求，依据"依法依标、合理合规、严审严查、质量第一、科学严谨、注重实效、独立客观、公平工作"的原则，严格把关申请条件与要求，规范认证续展全过程，保质保量完成"两品一标"认证及续展工作。

（2）切实加强证后监管。为维护良好的市场秩序，确保绿色食品认证产品安全、可靠，秦皇岛市农产品质量安全监督检验中心拟对秦皇岛市使用绿色食品标志的企业按年检程序全部进行年度检查，督促企业严格按照标准生产。做好产品抽检工作，加强市场监察，防止违规用标。

（3）加大宣传培训力度。以"两品一标"的品牌形象公信力和认知度，积极造势，借助各种宣传媒体、利用各种手段，多方位、多角度、多层次地宣传绿色食品。

（4）加强监管队伍建设。持续开展体系队伍能力提升行动。监管队伍建设是推动"两品一标"发展的重要力量，也是农产品质量安全监管工作的支撑力量。2022年按照"体系健全、业务精通、管理规范、运转高效"的要求，切实加强作风建设，强化服务意识，增强事业心和责任感，为事业发展持续提供有力的保障。

四、秦皇岛市农业知名品牌——"在旗"品牌建设之路

河北省秦皇岛市青龙满族自治县地处燕山腹地，是"十三五"期间

国家级扶贫开发重点县、传统种植大县，但由于农产品附加值低，致使农业发展一直处于低产、低质、低效状态。2013年张胜利、张全利兄弟二人，经过多次考察，成立了青龙满族自治县双合盛生态农产品有限公司（以下简称双合盛公司），充分发挥当地优势，经过近十年发展，将民族特色美食黏豆包做成日产40吨、年产值近亿元的省级农业产业化龙头企业，"在旗"杂粮主食家喻户晓，"在旗"品牌走向全国。

（一）"在旗"品牌发展基本情况

2013年3月青龙满族自治县双合盛生态农产品有限公司成立。注册"在旗"商标，通过近十年的打造，"在旗"已经成为杂粮主食行业的一匹"黑马"。公司占地30多亩，建筑面积近3万平方米。日产各类杂粮主食150吨，年产值达3亿元。2020年年初，"在旗"把产品方向由以当地特色的黏豆包为主的非物质文化遗产速冻类主食调整为速冻杂粮主食，把各种杂粮主食产品迅速推向市场，得到了全国各地经销商和消费者的广泛追捧。公司成立至今，得到了广泛的认可和肯定。"省级重点农业产业化龙头企业""省级重点扶贫龙头企业""省级非物质文化遗产传承单位"等殊荣落户"在旗"，公司先后通过了ISO 9001质量管理体系认证、ISO 22000食品安全管理体系认证、HACCP（危害分析与关键控制点）认证和美国FDA（食品药品监督管理局）认证。"在旗"黏豆包获得了第十六届中国国际农产品交易会金奖；2021年12月，"在旗"杂粮主食系列更是获得了国内同行业首个巴拿马万国博览会金奖。近几年"在旗"产品的销售额节节攀升，从2019年的5000万元到2020年的7000万元，再到2021年的一亿元。这些数据彰显了"在旗"的品牌发展之迅速。双合盛公司在全国设立销售办事处25个，有销售经理60多人。"在旗"品牌引领整个杂粮主食行业的迅速发展壮大，2022年下半年公司更是推出了"追求原味，忠于原味，崇尚原味，敬畏原味"的原味文化以及未来的绿色加工理念，这些针对性的品牌运作方向和品牌建设都为"在旗"的品牌发展提供了重要的动力来源。双合盛公司在行业中第一个提出去掉发酵面点的泡打粉和相关添加剂，第一个提出去掉汤圆配方中的各种食用胶和相关添加剂，并逐一申请了发明专利。这些举措大大提升了"在旗"的品牌价值和影响力。

（二）"在旗"品牌理念

"在旗"的品牌理念包含以下几个方面。

（1）以质量为生命，打造全国知名品牌。建企以来，双合盛公司一直秉承着"弘扬满族饮食文化，打造安全绿色生产基地"的企业精神，坚守着"诚信为本、质量先行"的工作理念，以产品质量作为企业的生命线，注重自身核心竞争力的培养与加强。在管理上，引进高学历人才和先进理念，在企业内积极推行国际质量管理标准。为了不断推进企业质量管理，满足企业继续发展的需要，公司已经在县境周边和黑龙江等地建立了原材料集采基地，从而有力地保证了原料质量。在生产上，建立健全过程质量控制机制，设立质检控制监理部门，专人跟踪，对生产过程进行全方位监控，强化检查分析，视质量安全为企业的生命线。全部检测均按照国家标准执行，包括金黄色葡萄球菌、沙门氏菌等6项检测指标。在保证产品质量的基础上，投入大量资金进行形式多样的品牌宣传推广，在消费者之中建立坚实的品牌忠实度，使"在旗"成为家喻户晓的知名品牌，进一步巩固和增强了企业的核心竞争力。

（2）坚持可持续发展，不断提高企业创新能力。双合盛公司一直注重从技术和制度两个方面进行创新。在技术方面，双合盛公司以现代科技改造传统产业，不断进行技术创新，成立产品研发机构，和河北科技师范学院等高等院校进行产学研深度合作。目前公司已经成功申请了6项国家实用新型专利，并且有4项国家发明专利已报待批。双合盛公司把培育和增强企业的核心竞争力作为内在动力和生存发展之本，注重加快新产品开发，确保产品质量，公司每年投入 400 多万元资金用于产品研发，为适应各地消费者不同的口味偏好且更充分地凸显品牌的地域独特性，近年来双合盛公司推出速冻面点与青龙板栗相结合的"栗丁"系列产品，其中包含栗丁窝头、栗丁红糖馒头等多个品类，以多层次、多界面的方式满足广大消费者的需求。在制度方面，企业结合自身实际需求在内部建立起一系列奖惩机制，吸引了一大批有能力的人才加入，并通过一系列培训制度在本企业内部培养了很多储备人才。公司以市场机制为核心建立了质量保障机制和质量约束机制，并形成了"一级考核一级，一环监督一环，人人都是质量主体，人人都是质量监督员，人人都是质量管理员"的全面质量管理新局面。

（3）加强产销对接，让小豆包抢占大市场。"在旗"品牌发挥以下优势加强产销对接：①口味独特，价格大众。除了产品质量之外，双合盛公司之所以能够获得成功，其准确的产品定价区间发挥了关键的作用，真正做成消费者心里价格和品质成正比的品牌，合理的定价区间使"在旗"系列产品越来越受欢迎。②产品结构性优势难以复制。"在旗"系列产品是民族特色产品，以丰富、独特的口味打赢了"口感之战"；"在旗"系列产品充分发挥规模效应和品牌优势压缩成本，通过成本优势强势进击，价格亲民，提升了消费者的消费黏度。③渠道效应明显，筑牢品牌"护城河"。"在旗"系列产品建立了四通八达的销售渠道和餐饮渠道。在销售渠道方面，首先建立了大区域经销商，然后通过大区域经销商建立遍布区域的二次网络，最终形成了遍布全国的销售渠道，形成了销售网络的"护城河"，并积极利用这一优势输出优质、稳定的产品，强化其品牌形象。在餐饮渠道方面，"在旗"系列产品同样以优质、稳定的绿色食品受到了终端餐饮企业的青睐，促进了企业品牌传播。

（三）"在旗"主要成就

"在旗"品牌主要取得了以下成就。

（1）创新带富模式，让贫困户稳搭致富车。双合盛公司采用股份合作方式，牵头组建"在旗"杂粮深加工产业联合体，主动吸纳贫困户、专业合作社及上下游企业，将上下游各环节的1个国家级合作社、3个杂粮收购企业及3.2万余贫困人口联合起来，全面开展杂粮种植、贮藏、收购、加工等多环节经营以及农资购销、农机耕作等社会化服务，每年拿出100万元资金，对基地合作社、农户和贫困户所需种子、化肥等农资进行适当补贴，引导合作社和农户扩大杂粮种植规模，使公司的经营业态由原来的杂粮深加工生产拓展到种植、营销、服务、管理等各个领域，形成生产体系和服务体系结合，一、二、三产业融合发展的新格局，实现了产业发展、企业增效、农民增收的多重效应。

（2）借力发力，走出"群众、村集体、企业"三赢路。"群众脱贫、集体增收、企业做大做强"，是双合盛公司在新一轮脱贫攻坚中创新开辟的一条脱贫带富之路。

2016年至今，双合盛公司吸纳扶贫整合资金4000余万元入股，每年派发红利400多万元，直接带动1.4万余贫困人口脱贫；共建立杂粮基地1.6万亩，先后与周边各乡镇1万多农户签订订单合同，由公司统一提供大黄米的优良品种，对建档立卡贫困户的大黄米按高出市场价每千克0.2元的保护价进行收购，户均增收1500元以上，有效增强了农户、贫困户抵御市场风险的能力；和村集体合作，发展代加工；等等。

（3）斩断代际贫困传递，助力乡村脱贫振兴。截至目前，双合盛公司根据不同情况安置不同岗位的建档立卡贫困员工，占一线员工总数的1/5，除正常工资外，企业每月给其加发200元补助金，建档立卡贫困员工年工资收入可超过4万元。为助力阻断代际贫困，公司出台"在旗"

基金政策，对企业内建档立卡贫困员工的孩子高考一本上线的一次性奖励 5000 元，二本上线的一次性奖励 3000 元，以激励企业内部建档立卡贫困员工的孩子"努力通过知识改变命运"，先后资助 4 名孩子圆梦理想大学，并对 3 名困难家庭的初高中孩子予以资助，共提供资助金 5 万余元。为提升建档立卡户脱贫能力和素质，公司免费组织培训，培训除包括电子商务、种植养殖实用技术、产业发展技术、就业创业技能、品牌等相关致富内容外，还将党的政策法规宣传、陈规陋习改变和法治观念提升等纳入培训范畴，从思想和技能等多个方面增强贫困户自身"造血"功能。

（四）"在旗"经验启示

双合盛公司通过实施资产收益项目，以资产入股为途径，以利益联结为纽带，以产业发展为抓手，扎实推进资产收益扶贫民生工程，着力提升建档立卡贫困户"造血"功能和持续增收能力，实现"资金收益有路径、企业壮大有支撑、群众增收有保障"的互利共赢目标。公司抓二产带一产促三产，完成由小变大、由弱变强的华丽嬗变，先后被评为"中国黏豆包之乡龙头企业""全国'万企帮万村'精准扶贫行动先进民营企业""河北省专精特新中小企业""河北省质量标杆企业"，用小杂粮撑起了大产业，用小豆包带富了一方百姓，蹚出了一条农业龙头企业通过资产收益项目带贫、联贫、益贫的新路径。

五、品牌质量安全控制与推动措施

为及时掌握全市农产品质量安全状况，提高农产品质量安全风险防控能力，确保不发生重大农产品质量安全事件，保障人民群众"舌尖上的安全"，要求全市农业品牌对农产品定量检测不少于 5333 批次，其中监督抽查数量不少于 1067 批次；各县区完成农产品定量检测不少于 1.7

批次/千人，市本级完成农产品定量检测不少于1800批次（含秦皇岛市检测机构承担的省级检测任务1080批次）。

（1）加强农产品质量安全监管。政府应当加大对农产品质量安全监管的力度，加强对农产品生产、运输、加工、销售等环节的监管，严把农产品质量安全关；同时，建立健全农产品质量安全监测体系，及时发现和处理问题，确保农产品质量安全。

（2）推广绿色农业生产模式。绿色农业是指以生态、循环、低碳的方式进行农业生产，不使用化学农药和化肥，不使用转基因技术，不使用生长激素等有害物质，达到生态环境和人体健康的协调发展。推广绿色农业生产模式，可以保护生态环境，减少污染物的排放，提高农产品的品质和安全性，打造绿色农业品牌。

（3）加强农产品质量安全宣传教育。政府应当加大农产品质量安全宣传教育力度，利用各种媒体渠道，向广大农民和消费者普及农产品质量安全知识，提高他们的质量安全意识，引导他们选择优质的绿色农产品；同时，加强对农产品质量安全的宣传，培树绿色农业品牌，提高绿色农产品品牌的知名度和美誉度。

（4）加强农产品质量安全标准制定和执行。政府应当制定更为严格的农产品质量安全标准，规范农业生产、运输、加工、销售等各个环节，严格执行，确保农产品质量安全；同时，加强对农产品质量安全标准的宣传教育，让广大农民与消费者了解和认同这些标准，并自觉遵守这些标准。

综上所述，要打造绿色农业品牌，需要加强农产品质量安全监管，推广绿色农业生产模式，加强农产品质量安全宣传教育，加强农产品质量安全标准制定和执行。这些措施有助于提高农产品的品质和安全性，保护生态环境，促进农业的可持续发展，实现农业的现代化，打造绿色农业品牌，为人民群众创造更加美好的生活。

六、"山海关大樱桃"产业品牌建设主体情况及表现

山海关区自1985年引进栽种大樱桃以来,在区委、区政府的正确指导以及广大果农的努力拼搏下,坚持质量优先、市场导向,通过政策引导、农民参与、科技创新、规模化发展,现已形成一个能够促进农民增收、农业发展的富民产业,带动了全区3万农民脱贫致富。

(一)产业基本情况

大樱桃种植遍及该区53个行政村,总面积达3万亩,其中防雨棚、冷暖棚等设施栽培面积到达1000亩,主栽品种有红灯、美早、砂蜜豆等,年产量超过2万吨,产值达4亿元。30多年来,山海关大樱桃坚持品牌化、高端化的发展路线,始终将产品质量和品牌形象作为发展重点,实现了"人无我有、人有我精、人精我特"的产业格局,形成了以露地大樱桃为主、错季樱桃为辅,早中晚熟品种合理搭配的规模化优势特色产业发展格局。

目前,全区有大樱桃深加工企业2家、大樱桃专业合作社34家(其中国家级示范社1家)、产业协会1家、产业研究院1所,技术水平高、管理理念先、辐射带动能力强的新型农业经营主体不断涌现、不断完善;同时,观光采摘、休闲度假、餐饮娱乐、产品加工、体育赛事等新型农业业态不断涌现,一、二、三产业融合发展初现成效。

(二)打造山海关大樱桃区域公用品牌

采取强力措施,打造山海关大樱桃区域公用品牌。

(1)政策聚焦,促进产业发展。山海关区委、区政府高度重视大樱桃产业发展,产业落地伊始便出台利好政策推广大樱桃种植,连续多年给予农户樱桃苗木、资金扶持,极大地调动了广大果农种植大樱桃的积极性;同时不断加强基础设施建设,启动了"西线引水""村村通""水

通路"等工程，新建大樱桃绿道，服务乡村旅游发展。2018年，"山海关大樱桃"被评为河北省农产品区域公用品牌，获得河北省农业农村厅品牌宣传资金支持，挖掘山海关大樱桃品牌文化精髓，赋能核心竞争优势。

（2）品质为本，铺筑品牌基石。山海关大樱桃较其他产区具有三大天然种植优势，分别是微沙棕壤，有机质丰富，利于樱桃树生长；阳坡种植，早熟早收；海拔高差，物质积累丰富。土壤、阳光、水质、空气的综合优势，造就了山海关大樱桃独特的营养价值与口感。据中国农业科学院果树研究所检测，山海关大樱桃各项营养成分含量居于国内领先水平。

2004年，山海关大樱桃通过了无公害农产品生产基地认证。2008年，山海关大樱桃生产标准化示范区通过了省级示范区验收。2010年，顺利通过了"国家级标准化生产示范区"验收和"全国绿色食品原料（大樱桃）标准化生产基地"验收。2014年，山海关大樱桃被授予"河北省优质产品"称号。2017年，山海关区被中国园艺学会樱桃分会认定为"中国大樱桃优质产区"。截至2022年年底，全区3家大樱桃合作社（企业）通过绿色食品认证。

（3）科技支撑，营造品牌优势。山海关区初步建立了多元化的科技支撑体系。一是开展大樱桃产业关键技术问题联合攻关。与河北农业大学、河北科技师范学院、河北省农林科学院等院校机构合作，推广大樱桃栽培管理新理念、新技术，制定了《绿色食品山海关大樱桃生产技术规程》，为山海关大樱桃标准化生产奠定了基础。二是广邀专家授课，提升管理水平。全国农业技术推广服务中心赵中华研究员、中国农业科学院蜜蜂研究所黄家兴博士、中国园艺学会樱桃分会张开春会长等知名专家多次来关授课，传授果树栽培、蜜蜂授粉、水肥管理、病虫害防治等先进理念与技术，促进了山海关大樱桃种植管理技术升级，极大地提高了果品质量。三是示范推广农业农村部大樱桃蜜蜂授粉与病虫害绿色防控集成技术，辐射面积近3万亩，带动农户万余人，实现亩均增产200千克、增幅达12%，亩产增收超过3000元。

（4）文化助力，创造品牌价值。山海关区委、区政府采取以下措施，以文化助力山海关大樱桃品牌价值创造：一是举办特色节庆活动，带动休闲农业发展。连续举办十八届山海关大樱桃节，组织大樱桃高端发展论坛，以活动带动旅游，用旅游传播品牌，用品牌塑造形象，初步形成了多元农业价值开发体系，通过开展特色节庆推介活动，扩大山海关大樱桃品牌的知名度，打造农业休闲旅游及"采摘+古城+文化"旅游名片，全面弘扬山海关大樱桃品牌文化及"山、海、关、城"特色文化。二是持续做好产销衔接，扩大品牌知名度。组织山海关大樱桃生产、加工企业、合作社等参加中国国际农产品交易会、中国京津冀蔬菜产销对接大会、中国（廊坊）农产品交易会等各种农业展会，增加山海关农业品牌知名度，宣传山海关农业品牌形象。

（5）渠道拓展，成就品牌价值。山海关大樱桃主要销往东北、北京等地，是百姓餐桌的重要组成，其在北京新发地农产品批发市场的售价要高于其他产区。山海关区在不断完善优化原有销售渠道的基础上，积极探索"互联网+农业"模式，与京东商城、淘宝、拼多多、抖音等电商平台以及中国邮政速递物流股份有限公司、顺丰速运有限公司、京东物流集团等物流企业合作，实现村级电子商务全覆盖，构建起山海关大樱桃产销链条和电子商务产销平台。山海关区政府与中国邮政速递物流股份有限公司、顺丰速运有限公司、京东物流集团等物流企业签订战略合作协议，进一步助推山海关大樱桃走向全国。通过线上线下循环带动，山海关大樱桃叫好又叫座，目前已广销国内20余个省市。

（三）主要成绩

多年来，山海关区因大樱桃而备受瞩目。2001年，山海关区被中华人民共和国国家林业局授予"中国樱桃之乡"称号。2013年，山海关大樱桃被列入农业部《特色农产品区域布局规划（2013—2020年）》。2018年，"山海关大樱桃"被河北省农业农村厅评为"河北省农产品区域公用品牌"，并通过国家知识产权局地理标志证明商标注册。2019年，山海关区因大樱桃被河北省农业农村厅认定为"河北省特色农产品优势区"。2021年，山海关区被评为"全国农作物病虫害绿色防控示范区"，区大樱桃现代农业园区被省农业农村厅认定为"河北省休闲农业精品园区"，大樱桃主产区石河镇被评为河北省农村产业融合"农业产业强镇建设十大典型案例"。

（四）下一步品牌发展重点

山海关大樱桃下一步的品牌发展重点如下。

（1）丰富大樱桃产区品牌形象。采取政府购买服务形式，对大樱桃核心产区进行村庄形象设计和改造，丰富主产区内村庄大樱桃元素，打造差异化体验效果，促进休闲农业发展。

（2）鼓励区域公用品牌跨域共用。山海关大樱桃是河北省农产品区域公用品牌，具有一定的品牌知名度和市场溢价。近几年，山海关周边县区大樱桃产业发展迅猛，适时扩大"山海关大樱桃"区域公用品牌应用范围，能够攥指成拳，形成发展合力，共同打造河北区域农产品发展样本。未来努力推进农产品区域公用品牌跨区域使用，让周边农户共享发展成果。

廊坊市：发展精品农业，强化数字化赋能

廊坊地处北京、天津和雄安新区"黄金三角"核心区，素有"京津走廊明珠"之称，资源禀赋优异，农产品特色鲜明。近年来，廊坊市农业品牌打造作为推动农业高质量发展和乡村振兴的重要抓手，大力实施品牌强农战略，持续开展农产品品牌建设，深入挖掘区域公用品牌发展潜力，以品牌建设引领现代农业高质量发展，不断强化对区域公用品牌的构建、经营、培育和管理，培树了一批具有较高品牌知名度、美誉度且富有市场竞争力的农业品牌。

一、农业品牌建设现状分析

（一）廊坊农业品牌发展现状

截至目前，廊坊市农业品牌总计138个，其中，省级区域公用品牌8个（大厂牛肉、安次甜瓜、安次肉鸡、永清蔬菜、永清胡萝卜、固安番茄、文安杂粮、永清番茄），省级农业企业品牌8个（汇福大豆油、康达基、紫晶、参花、荣禹、豆本豆、丰沐农业、顺斋）；市级区域公用品牌15个，市级农业企业品牌23个，市级农产品品牌84个。

（二）品牌主要做法

廊坊市发展农业品牌的主要做法如下。

（1）积极打造提升"廊坊品牌"。组织开展廊坊农业品牌系列评选

活动，经自愿申报、逐级推荐、专家评审、社会公示、党组议定等环节，评选出市级区域公用品牌15个、农业企业品牌23个。2022年，利用省级品牌建设资金255万元，打造提升9个现有区域公用品牌、农业企业品牌。2023年，针对安次甜瓜、永清番茄、香河韭菜等区域公用品牌的10余家品牌企业，香河新恒昌养鸡有限公司、霸州市禹德农业科技有限公司等20余家品牌企业开展实地调研，组织点评并规划企业发展思路，提炼品牌核心价值，提升企业外在形象，扩大品牌影响力和知名度。

（2）不断加强省级品牌示范带动作用。借助省级区域公用品牌、农业企业品牌在京津乃至全国市场的影响力，统一标准，强力推进，形成"突出重点、分级推进、带动全局"的品牌建设新格局。在全市范围内实施区域公用品牌产业基地建设，实现区域公用品牌共享、生产共建，进一步扩大区域公用品牌规模，提高市场占有率。省级农业企业品牌永清县丰沐生态农业开发有限公司带动农户3200户，带动合作社、家庭农场等新型农业经营主体23家；省级区域公用品牌永清胡萝卜，每年种植面积稳定在8万亩，年加工配送能力达到15万吨，年产值达2亿元。

（3）努力搭建平台助力"走出去"。实施"走出去"行动，将廊坊市农业品牌推向一线城市、粤港澳大湾区等具有发展潜力的市场。先后组织廊坊市品牌企业100余家参加河北省品牌农产品万里行上海站、广州站、深圳站等产销对接活动以及中国国际农产品交易会、中国国际薯业博览会等系列活动，举办中国农民丰收节主会场及分会场活动，开展农业品牌展示展销品鉴活动，充分展示廊坊市农业发展成就，扩大品牌影响力，提高品牌溢价能力。2023年5月10日举办的"中国（永清）西红柿节"为廊坊农产品推广宣介搭建了优秀的平台，50余家企业、200余款优质特色农产品精彩亮相，中国农产品市场协会、中国烹任协会、北京市餐饮行业协会以及50余家经销商、采购商、渠道商到场，14家全国食品与农业科技领域重点企业现场参与廊坊市招商引资项目签约仪式，签约金额达27亿元。

（4）创新推介方式，拓展销售渠道。针对产品销售渠道不广、高端市场占有率低、好产品卖不上好价钱等问题，着力实施渠道拓展行动，深入挖掘农产品批发市场、大型超市、外贸出口等潜力市场，把原有传统销售渠道做精、做细、做活；拓展高端品牌"专柜专销""直供直销""社区联供"等销售形式，深化与京东商城、阿里巴巴等电商平台的战略合作，融合线上服务、线下品鉴、场景体验等新模式，把新渠道做广、做宽、做多。

（5）增强品牌意识，打造发展典型。①突出区域公用品牌宣传，依托现有资源，统一规划、统一质量、统一包装、统一宣传，提升品牌认知度和品牌可信度；树立发展典型，集中力量打造一批具有较高知名度、美誉度且富有市场竞争力的蔬菜类高端精品品牌。②强化媒体宣传推广，充分发挥报纸杂志、广播、电视和网络等媒体作用，大力宣传推介品牌农产品和品牌企业。③充分利用中国农民丰收节等活动，有针对性地组织宣传和咨询服务活动，营造"宣传品牌、支持品牌、发展品牌、保护品牌"的良好氛围。

（三）存在的不足与发展建议

与其他地市，特别是国内发达农业地区相比，廊坊市的精品农业品牌数量、产业规模以及对区域农业经济的示范带动作用还相对有限，小、散、弱情况还比较突出；品牌知名度不高、产品质量不稳定、缺乏创新和差异化的情况普遍存在；相关领导干部、从业人员的工作站位、专业知识和业务水平还有较大的提升空间。

建议采取以下措施促进品牌发展：一是加大财政支持力度，特别是市级财政支持力度，安排农产品品牌创建专项资金，持续推进农业品牌建设。二是加强品牌宣传推广，通过多种渠道，如媒体、互联网等，提升廊坊市农业品牌的知名度，增加消费者对廊坊农产品的认知度。三是提高产品质量和安全性。加强农产品质量监管，建立健全质量监测体系，确保农产品的质量和安全性，增强消费者的信任感。四是加强品牌创新和差异化。鼓励农业企业进行技术创新和产品研发，开发具有廊坊地方特色的农产品，打造独特的品牌形象和竞争优势。五是加强农产品品牌合作。与其他地区的农产品品牌开展合作，共同推广和销售，提高廊坊农产品的市场竞争力。

二、区域公用品牌建设现状分析

在农产品区域公用品牌建设方面，廊坊市积极谋划、主动作为，大力培育特色品牌，取得了较为理想的阶段性成果，拥有省级区域公用品牌8个，分别是大厂牛肉、安次甜瓜、安次肉鸡、永清蔬菜、永清胡萝卜、固安番茄、文安杂粮、永清番茄；市级区域公用品牌15个，分别是永清番茄、永清葡萄、永清黄瓜、文安小无籽西瓜、大厂羊肉、大城小米、大城甜瓜、安次番茄、安次蜜梨、三河熏鸡、香河韭菜、霸州熏醋、霸州绍菜、固安黄瓜、固安杂粮。

廊坊市区域公用品牌建设采取的推进措施与取得的建设成效如下：一是提炼品牌核心价值，挖掘品牌文化。近年来，廊坊市多次组织行业专家团队调研本市农产品区域公用品牌，实地走访品牌产品主产区，深入了解品牌发展现状，挖掘当地历史文化底蕴，结合行业成功经验，提炼品牌核心价值和产品卖点，制作宣传广告语，力求做到品牌定位科学合理、产品推广深入人心。二是设计品牌标识，凸显产品包装。邀请专业技术团队，先后为香河韭菜、永清葡萄、固安番茄、安次甜瓜、永清番茄等品牌设计区域公用品牌标识，定制特色产品包装，制作宣传折页及品牌推介PPT，完成H5（第5代互联网超文本标记语言）策划上线，等等，多方面实现品牌包装升级，提高产品溢价能力。三是开展品牌评选，培育农业品牌。按照自愿申报、逐级推荐、群众参与、专家评审和社会公示相结合的方式，开展农产品区域公用品牌评选活动，旨在客观地反映廊坊农业品牌发展现状，增进社会各界对廊坊农业品牌的了解，提高市场对廊坊农业品牌的认可度。截至目前，廊坊市共评选出市级区域公用品牌15个，作为今后重点培育打造对象。四是举办农产品节，扩大品牌影响。廊坊市组织开展"永清西红柿节""安次甜瓜节""文安小无籽西瓜节""固安番茄节"等多形式、多品类的特色农产品节，并且很多农产品节已经举办了多届，在区域内形成一定的知名度和影响力。此类活动为廊坊农业品牌，特别是农产品区域公用品牌的集中宣传展示提供了理想平台，有利于促进产销对接，扩大招商引资，提升品牌效应。

三、"两品一标"建设进展

廊坊市紧紧围绕"质量兴农、绿色助农、品牌强农"的战略部署，大力开展绿色食品认证工作。截至2022年上半年，全市共认证绿色食品生产企业49家、绿色食品248个，已连续六年位列全省第一；绿色食品认证面积达到1854公顷；绿色食品质量抽检合格率一直保持在99%以上。相关产品主要供应京津地区各超市、部委食堂、餐馆、社区等，个别企业产品出口国外，农产品优质优价已现雏形，持续促进农民增收。

（一）严格审查认证

为确保获证农产品优质安全，河北省绿色食品发展中心廊坊站（以下简称我站）严把认证质量关，严格认证程序和审核关口，对质量管理体系不完善的，认证积极性不高的，一年内在国家、省、市级检测机构抽检中出现问题的坚决不予认证、续展。

（二）强化证后监管

依据《年检工作规范》要求，我站加强证后监管工作，在生产关键期对获证单位开展监督检查，排查隐患，对质量控制体系不健全、内部质量控制不严格、在年度监督检查中发现问题的责令整改，整改不合格的请示省绿色食品办公室撤销其获证产品的标志使用权，并收回证书。

（三）明确发展目标

我站积极组织符合认证要求、认证积极性高、质量管理体系完善、农产品质量安全有保障的农产品生产企业申报绿色食品，并指导其依照认证要求编制申报材料，落实六大类、21项检查项目；努力做好申报材料的组织、审查、现场检查和申报工作。

（四）加快认证步伐

为提高廊坊市农产品质量，促进全市农业产业提档升级，加快"两品一标"认证步伐，近年来我站争取市级专项资金，用于对绿色食品、有机农产品、农产品地理标志认证的单位实施奖补。补贴对象为：年度取得绿色食品认证和获得农产品地理标志登记的农产品生产及加工企业、协会、农民专业合作社，获得有机农产品认证且连续保持认证两年以上的蔬菜生产获证单位。这项措施极大增强了企业认证的积极性，促进了绿色食品产业迅速发展。

四、品牌质量安全控制与推进措施

廊坊市全力协调抓好品牌农产品质量安全监管工作，突出抓好"治违禁、控药残、促提升"三年行动和农产品"三品一标"四大行动，完善追溯和网格化监管，推进国家农产品质量安全市创建，提升全程治理能力，确保全市农产品质量安全。推进工作的主要措施如下。

一是制定印发了《2022年廊坊市农产品质量安全监管工作方案》和《2022年廊坊市农产品质量安全监测计划》，对全市2022年农产品质量安全监管工作进行全面安排部署，对各县（市、区）承担的监测任务进行分解。全市按照每千人1.7批次计算，定量检测任务为9289批次。目前已完成并出具检测报告2775批次，其中市本级任务1500批次，已完成风险监测818批次，监督抽查72批次。

二是组织做好省市农业地方标准制修订工作。目前省市农业地方标准组织申报工作均已完成，共组织18个省级农业地方标准报送省厅，其中17个获省厅初评通过，已报送到河北省市场监督管理局争取立项；组织12个市级农业地方标准报至廊坊市市场监督管理局。制定了《2022年廊坊市农业标准化生产推进方案》，强力推动标准落地转化，发放农业生产标准手册，指导农产品生产企业（基地）制定操作规程，按标准生产，全力确保完成农业标准化生产覆盖率达到75%的任务目标。

三是依托省级平台开展农产品质量安全监管工作，推进蔬菜（含食用菌）、水果、鲜禽蛋、水产品4个行业的农民专业合作社接入河北省农产品质量安全监管平台。目前，全市依托省平台实现电子追溯主体数量达到719家。

五、品牌建设主体情况与品牌市场表现

近年来，廊坊市坚持以市场需求为导向，以产业发展为基础，以品牌培育为重点，强化数字赋能，积极践行"创新、协调、绿色、开放、共享"的发展理念，培育了一批具有较高知名度、美誉度且富有市场竞争力的农业品牌，为全面推进乡村振兴、加快农业农村现代化提供了

有力支撑。

为全力提升优化现有品牌，2022年，廊坊市利用省级品牌建设资金255万元，打造提升了9个区域公用品牌、农业企业品牌，从县域农业品牌宣传片制作、品牌形象创塑、包装设计升级、核心价值提炼、产品市场定位等方面着手扩大品牌影响力和知名度。2023年，廊坊市农业农村局组织安次甜瓜、永清番茄、香河韭菜等区域公用品牌的10余家品牌企业以及香河新恒昌养鸡有限公司、霸州市禹德农业科技有限公司等20余家品牌企业开展实地调研，点评并规划企业发展思路，提炼品牌核心价值，提升企业外在形象。

加强省级品牌示范带动作用，提高省级区域公用品牌、农业企业品牌在京津乃至全国市场的影响力，廊坊在全市范围内实施区域公用品牌产业基地建设，实现区域公用品牌共享、生产共建，带动全市农业品牌发展，形成"突出重点、分级推进、带动全局"的品牌建设新格局，进一步扩大区域公用品牌规模，提高市场占用率。

此外，积极实施廊坊品牌"走出去"。近三年来，廊坊市农业农村局先后组织全市100余家品牌企业参加河北省品牌农产品万里行（上海站、广州站、深圳站等）产销对接、中国国际农产品交易会（重庆）、中国国际薯业博览会等系列活动，将"廊坊品牌"推向一线城市、粤港澳大湾区等具有发展潜力的市场。举办中国农民丰收节主会场及分会场活动，开展农业品牌展示展销品鉴活动，展示全市农业发展成就，扩大品牌影响力，提高品牌溢价能力。

品牌建设是农业农村现代化的发展需求，也是乡村振兴的重要抓手。下一步，廊坊市农业农村系统将充分利用廊坊农业发展的区位优势，面向京津市场亮出廊坊农业品牌的高端形象，加大高品质农产品的市场供给，应用移动互联网、物联网等数字农业技术，培育现代农业生产新模式，拓展销售渠道，促进品牌数量快速增长、品牌效益快速提升。

衡水市：多项举措夯实品牌供应链建设

农业品牌建设是推进农业供给侧结构性改革、实现高质量发展的重要抓手。为进一步推进全市农业品牌建设，全面提升衡水市农业品牌影响力和农产品市场竞争力，近日衡水市农业农村局对全市农业品牌建设情况进行了调查，现将调查情况报告如下。

一、基本情况

近年来，衡水各级党委政府高度重视农业品牌建设，立足资源禀赋和产业优势，不断加强组织领导，创新体制机制，强化工作措施，农业品牌体系初步形成，培育建成了一批在全省乃至全国知名的"衡"字号农业品牌。

（一）品牌总量逐步增加

截至目前，衡水市拥有"衡水老白干""养元六个核桃""京安"等中国驰名商标6个；"两品一标"认证产品157个，其中绿色食品99个、有机农产品54个、地理标志农产品4个；省级区域公用品牌9个，农业领军企业品牌9个；全国"一村一品"特色示范镇（村）18个，饶阳县、冀州区等获得"中国蔬菜之乡""中国辣椒之乡"等荣誉称号10余个。

（二）品牌影响力逐步提升

通过历史积淀、宣传推介、市场引导等，深州蜜桃、饶阳蔬菜、饶阳葡萄、安平白山药、阜城西瓜、衡水老白干、养元六个核桃等品牌逐步享誉全国、走向世界，品牌知名度不断提升。深州蜜桃传承千年，历久弥香，素有"北国之桃，深州最佳"之美誉，获评"第一届河北省十大农产品区域公用品牌"。近年来，深州市政府与顺丰速运有限公司合作，推出全面升级桃产业链解决方案，实现多项举措、多维助力桃产业上行，有效解决了蜜桃成熟周期短、不易运输的难题，使蜜桃的销售范围覆盖到全国，"深州蜜桃"也从区域性品牌逐渐发展成为全国性品牌。河北养元智汇饮品股份有限公司经过20多年的积累，由一个年销售收入几百万元的小企业跨越发展成为国内同行业领军企业、行业标准起草单位，被认定为农业产业化国家重点龙头企业。"六个核桃"被评为"中国驰名商标"，品牌价值超过百亿元。以环衡水湖和沿大运河为代表、多节点支撑的观光采摘、休闲旅游、农事体验等都市农业发展迅速，全域农业旅游品牌知名度越来越高，辐射范围越来越大，吸引的消费者越来越多。

（三）品牌效益逐步显现

通过农业品牌建设，极大地提高了衡水市农产品的知名度，促进了产品销售，提高了市场占有率，促进了农业发展、企业增效、农民增收。安平白山药被认定为地理标志产品，带动全县及周边地区白山药产业快速发展，目前产业总面积达到30多万亩，亩均效益达到1万多元。河北永生食品有限公司是一家集面粉生产、挂面和面片加工于一体的大型面制品生产企业，年生产面粉30万吨、挂面10万吨、面片1.5万吨，产品有高、中、低档八大系列100多个品种，销往28个省市（自治区），"益宁"被评为"河北省著名商标""河北省名牌产品"。以"益宁"为中心，河北永生食品有限公司联合上下游10多家企业、农民专业合作社和家庭农场组建了农业产业化联合体，带动周边优质小麦种植基地20万亩，户均增收500元以上。

二、存在的问题

近年来衡水市农业品牌建设虽然取得了一定成效，但与先进地区相比仍有很大差距，与现代农业发展的要求还不相适应，与衡水市农业大市的地位还不相匹配，主要表现在以下四个方面。

（一）品牌数量少，影响力弱

目前衡水市的农业品牌除深州蜜桃、饶阳蔬菜、衡水老白干、养元六个核桃等少数品牌外，大多还是有"品"无"牌"或是"市内"品牌，品牌知名度低、覆盖面小，影响力仅停留在局部地域，社会信任度不高。例如，故城龙凤贡面、枣强加会烧鸡、饶阳杂面等，历史悠久，品牌口碑好，但这些品牌在衡水地区可以说是家喻户晓，走出衡水就鲜为人知了。

（二）区域公用品牌一牌多品，形象混乱

受传统农业惯性思维影响，各级政府及业务部门在农业品牌发展上注重扩大规模，轻视产品销售，缺乏明确市场定位、战略规划、发展方向及有效监管，导致产品标准不统一，产品质量良莠不齐，一个品牌多个商标，互相竞争，恶意降价，还有许多假冒伪劣产品冒牌销售，使品牌的整体形象受到冲击。例如，漫河西瓜在阜城种植历史悠久，是河北省农业农村厅命名的"河北西瓜之乡"，其皮薄、瓤脆、甜度高的特点在周边地区负有盛名，深受消费者青睐。特别是自阜城县政府与河北省农林科学院进行"院县合作"以来，通过培训指导，广大瓜农的品牌意识和产品质量进一步提高。由于西瓜属于鲜食时令产品，上市季节性强，种植面积较大，分户经营较多，销售渠道多样，龙头企业、农民合作社大都以种植服务的产前、产中为主，缺乏产后

的自主销售能力和市场占有能力，近几年，虽然开始通过网上电商和超市对接，销售漫河西瓜，但大部分依然是通过市场和经纪人外销，各自为战，以次充好，品牌混乱。深州蜜桃区域公用品牌，虽然授权深州特色农产品产业协会进行使用，但由于质量追溯体系不完备，尤其是缺乏有效的市场监管，致使部分景区、高速服务区及国省干道旁边不分季节、不分场合长年有人打着"深州蜜桃"的幌子欺骗顾客，损害了深州蜜桃的品牌形象。

（三）认识不到位，品牌意识较差

受"好酒不怕巷子深"传统思维定式影响，多数县（市、区）对农业品牌建设工作摆位不够、思考不深、谋划不多，没有深刻认识到品牌在农业发展中的"领头羊"作用。据初步调查，目前全市还没有一个由县（市、区）政府牵头策划打造的农产品区域公用品牌（政府出资聘请专家确定市场定位，设计产品标识，统一产品包装，推出符合产品特点的广告语，授权使用，等等），没有一个县（市、区）政府出台过推进农业品牌发展的专门文件。部分领导和企业认识存在误区，认为注册了商标就等于有了品牌，把商标和品牌混为一谈。此外，部分领导和企业还存在不重视品牌营销人才培养的问题。"功以才成，业由才广"，缺乏品牌营销人才是当前制约衡水市农业品牌发展的关键问题。各级业务部门及科研单位（包括农业龙头企业、农民合作社）大多只有种植管理人才，没有市场营销尤其是品牌策划营销人才，造成没有也不会运用品牌、发展品牌。还有部分企业急功近利，认为品牌培育投入高、周期长、风险大，舍不得下功夫、投资金。另外，好品牌需要好产品做支撑，衡水市深州蜜桃虽然制定了省级技术标准，但受市场因素影响，产品供不应求，致使部分种植户采摘过早，造成桃子口感不佳，影响了深州蜜桃的对外形象。

（四）受财力影响，市、县两级扶持力度小

农业品牌建设特别是农产品区域公用品牌打造是一项公益性普惠活动，离不开各级财政的大力支持；但目前衡水市各县（市、区）大都还没有脱离"吃饭财政"，没有列支支持农业品牌建设的财政专项资金。另外，衡水市企业普遍规模小、实力弱，仅仅依靠自身积累很难负担高额的品牌包装、宣传推介费用。

三、意见与建议

（一）加强组织领导

各县（市、区）要把农业品牌建设作为一把手工程，摆在突出位置，成立工作机构，结合本地产业和企业实际，制定工作方案，积极协调财政部门、农业农村厅、市场和食品监督管理部门、文化和旅游部门等相关部门统一思想，提高认识，齐抓共管，形成工作合力。

（二）夯实创建基础

各县（市、区）要结合特色农产品优势区建设制定农业品牌发展规划，将区域公用品牌、农业企业品牌和产品品牌统筹谋划。要立足地域差异，调整优化产业结构，打造各具特色的规模化、标准化品牌农业生产基地，避免同质化竞争。实施龙头带动工程，鼓励和支持企业通过收购、兼并、重组、控股等方式组建大型企业集团，培育行业领军企业。鼓励企业引进新技术，采用新工艺，开发新产品，提高产品质量。

（三）加强政策扶持

各县（市、区）应积极发挥财政资金引导作用，列支专项资金，支持各类农业品牌发展。市政府将全市名牌产品编辑成"名优特新"产品名录，通过各种方式、各种渠道进行大力度集中宣传推介。对纳入名录

的产品，鼓励各单位、各企业和广大市民优先采购。

（四）优化发展环境

贯彻落实国家和省有关政策，引导企业运用专利申请、商标注册、地理标志产品保护、生态原产地保护等手段进行品牌保护。建立健全黑名单制度，提高失信成本，增强企业品牌的自我保护意识。市场和食品监督管理部门要加大执法力度，加强整治，严厉打击制售假冒伪劣商品的行为。

分论二

分论二

雄安新区发布"雄安甘薯"区域公用品牌

河北日报讯（记者郭东）2023年10月22日上午，在容城县举行的"2023京津冀品牌农业嘉年华"活动上，雄安新区正式发布"雄安甘薯"区域公用品牌。这是雄安新区发布的首个专用于粮食类农产品的区域公用品牌。

雄安甘薯作为雄安新区特色农业产业的优势品类之一，具有百余年种植历史和十余年市场沉淀，在国内市场具有广泛的消费基础。近年来，雄安新区凭借甘薯种植面积大、储藏能力强、销售区域广、销售口碑好等优势，已成为我国北方最大的鲜食甘薯种植集中区和出货中心。

经过系统研究和分析，雄安新区最终将"雄安甘薯"区域公用品牌战略定位确立为"北方甘薯集散中心"，将品牌传播语确立为"北方薯都·非我莫薯"，希望进一步巩固甘薯产业地位，带动甘薯产业发展。

雄安新区将以此次品牌发布为契机，围绕"北方甘薯集散中心"的战略定位，持续增强品牌意识，强化品牌管理，持续提升"雄安甘薯"区域公用品牌的含金量和竞争力，走好品牌引领、龙头带动、科技支撑、高质高端的特色农业强区之路，推动雄安新区农业高质量发展，助力产业富农、乡村振兴。

平泉香菇：农业品牌精品培育结硕果

"平泉香菇"（见图7）成功入选农业农村部2022年农业品牌精品培育名单。

图7 平泉香菇

一、平泉食用菌产业总体发展情况

平泉市地处河北省东北部，因康熙帝兴赞"平地涌泉之圣地"而得名。全市总面积为3294平方千米，辖15镇4乡，238个行政村，总人口48.3万人，2017年4月撤县设市，是国家园林城市、国家卫生城市、国家可持续发展实验区。近年来，围绕加快现代农业发展、促进农民增收和实现小康建设目标，着力将食用菌打造成平泉的特色名片。通过全市上下40余年精心创建，截至2022年年底，平泉市食用菌总面积达6.7万亩，年生产规模达到7亿袋，产量63万吨，产值突破65亿元。品种主要有香菇、杏鲍菇、双孢菇、滑子菇、黑木耳等10余个人工栽培品种。其中，平泉香菇是平泉市食用菌的主导产品，年产量达到41万吨，产值40.6亿元，是全市优势特色最鲜明、产业链条最完整、带动能力最突出、国内外品牌影响力最大的支柱产业，获得国家、省、市各种荣誉称号和认证达80余项，平泉市已成为全国最大的反季节香菇生产基地。"平泉香菇"获得农业农村部中国农产品地理标志登记，被中华人民共和国国家市场监督管理总局（以下简称国家市场监督管理总局）评为生态原产地保护产品，经国家知识产权局商标局核准为国家地理标志证明商标、中国农产品区域公用品牌产品，品牌价值超过20亿元。

二、品牌建设基本情况

平泉市在发展食用菌产业过程中，高度重视品牌建设，充分利用特有的区域资源禀赋，积极培育打造区域公用品牌。

（一）突出制度化，搞好顶层设计，强化品牌支撑

平泉市采取以下措施突出制度化，搞好顶层设计，强化品牌支撑：一是成立机构。平泉市政府成立了以市长为组长，主管副市长为副组长，相关单位领导为成员的平泉市食用菌品牌建设工作领导小组，统筹全市食用菌品牌建设工作。二是编制规划。编制了《平泉市食用菌产业中长期发展规划》，明确了发展思路和建设模式，为平泉食用菌品牌建设提供了行动纲领和执行策略。三是政策保障。制定出台了《平泉市大力实施品牌战略促进县域经济发展的意见》《平泉市农业产业化若干扶持政策》《平泉市食用菌品牌建设年活动实施方案》等相关配套政策和

文件，为质量认证、争创驰名商标、广告宣传、地理标志证明商标注册等品牌建设活动提供政策支持和资金保障。

（二）突出标准化，强化产品质量，夯实品牌基础

平泉市突出标准化，强化产品质量，夯实品牌基础。一方面全面提升设施化水平。重点推广在国内处于领先水平的"一网二模双拱一水帘"出菇棚和周年化四季出菇棚，同时进一步完善技术配套，制定实施了《无公害错季香菇生产技术规程》等14个省、市地方标准，平泉香菇质量达到了全国最优，品牌影响力、美誉度跃居国内香菇四大品牌之首。另一方面积极开展农产品认证。鼓励、支持食用菌企业、合作社开展农产品认证，目前全市拥有"两品一标"认证食用菌产品40件、GAP（良好农业规范）认证企业1家，如图8所示。

图8　GAP认证企业

（三）突出规模化，壮大产业发展，聚集品牌实力

平泉市采取以下措施突出规模化，壮大产业发展，聚集品牌实力：一是坚实产业基础。全市上下齐心协力推动食用菌产业基地规模化发展，目前已覆盖全市19个乡镇、150个行政村，建有10亩以上园区

1500多个；同时积极推进专业化菌棒厂、烘干厂建设，推动食用菌产业专业化、集约化发展。二是引导产业集群。通过引资金、上项目，合资、合作、招商、嫁接等各种方式，培育壮大承德森源绿色食品有限公司、承德润隆食品有限公司、平泉市瀑河源食品有限公司、承德金稻田生物科技有限公司、平泉市亿园生物科技有限公司等食用菌生产加工及流通企业达40余家，形成了庞大的食用菌产业集群。三是创新经营机制。坚持把发展食用菌产业与扶贫攻坚工作有机结合，积极探索、推广"龙头企业（专业合作社）+加盟园区+产业工人（贫困户）"等新型经营模式，让农户特别是贫困户实现"投入'零成本'、经营'零风险'、就业'零距离'"精准脱贫，农民持续增收更有保障，农民参与食用菌生产热情高涨。

（四）突出产业化，延伸产业链条，提升品牌价值

坚持把食用菌精深加工作为食用菌产业转型升级的重中之重，培育了承德森源绿色食品有限公司、承德润隆食品有限公司、承德菌源食品有限公司、平泉市中润生物科技股份有限公司、河北华素素食品股份有限公司等多家食用菌精深加工企业，研发了速冻食品、佐餐食品、中央厨房、功能饮品、蘑菇酱等100余种食用菌精深加工产品，形成梯队，生产技术和质量达到国内领先水平，产品远销欧美、日本、韩国、新加坡等20余个国家和地区，提升了平泉食用菌的品牌档次。

（五）突出宣传化，强力开展推介活动，扩大品牌影响力

平泉市采取以下措施突出宣传化，强力开展推介活动，扩大品牌影响力：一是动员全民参与。随着中国食用菌品牌集群成立大会、平泉香菇价格指数发布会、中国食用菌首届颁奖典礼、全国产业扶贫河北·平泉现场会等大型食用菌品牌宣传推介大会的召开，平泉市动员社会各界

力量，通过报纸、杂志、电视、网络、户外广告牌等形式，将"中国菌乡"纳入平泉城市名片，同步打造平泉食用菌区域公用品牌和平泉城市品牌，全方位展示"中国菌乡"形象。二是借助重大活动。通过参加中国进出口商品交易会、中国（廊坊）农产品交易会、食品展会、蘑菇节、食用菌博览会、食用菌餐饮大赛等国内外展会和活动，平泉食用菌品牌形象得以广泛传播，平泉食用菌区域公用品牌知名度和影响力逐步提升。三是实施整体推介。将区域公用品牌建设与"森源""润隆""瀑河源""菇芳源""百菇宴"等企业、产品品牌有机结合，探索"母子品牌"之路，通过区域公用品牌带动企业、产品品牌传播，同时在企业、产品品牌传播过程中体现"平泉食用菌"品牌特色，实现区域整合力量与品牌个性价值协同发展。

（六）突出电商化，拓宽销售渠道，促进品牌营销

平泉市采取以下措施突出电商化，拓宽销售渠道，促进品牌营销：一是加强流通建设。培育流通企业126家，培养各类食用菌经纪人3000余人，建成食用菌购销点100余处，全市90%以上的食用菌产品通过本土经销商销往国内外市场，牢牢掌握了市场主动权，平泉市也因此成为北方最具产地定价优势的食用菌主产区之一。二是加快电商发展。引导、支持食用菌企业、合作社、园区、交易市场在京东商城、天猫、1号店、中粮我买网等大型平台开展电子商务的同时，经常性地开展京东中国特产•承德农特产馆平泉市美食公益直播专场等"市长直播带货"活动，在提高产品销量的同时，进一步加快平泉食用菌品牌在电商端的传播。三是构建多元化销售渠道。建立出口与内销并重、线上与线下并举、批发与直销结合的多元化销售渠道，在逐步增加出口份额的同时，着重开发国内市场，率先在北京、上海、成都、南京等国内一线城市设立了平泉食用菌产地直销、代销网点，并辐射二、三

线城市，积极开发生鲜电商、会员制、中央厨房、素食等新兴销售渠道和消费群体。

三、品牌建设成果

平泉食用菌区域公用品牌的形成与发展，对全市食用菌产业及县域经济的发展发挥了重要作用。一是搭建科技创新联盟体系。与中国农业科学院、中国农业大学、河北农业大学、河北师范大学等多家高等院校和科研机构建立了长期稳定的合作关系。先后组建了国家食用菌改良中心、河北省食用菌液体菌种技术创新中心、平泉食用菌产业技术研究院等一批食用菌科技研发机构，支撑产业高质量发展。二是科技能力全国领先。推行"国家队+地方队+民营科研机构"的完整科技推广应用体系，搭建起16家食用菌产业科技创新创业平台。建有食用菌院士工作站、国家食用菌产业技术研发中心、河北平泉食用菌产业技术研究院；民营科研机构实力强劲，拥有一支300人的技术推广队伍。三是科技成效显著。先后孵化出高新技术企业3家、创新型企业1家、科技型中小企业20家、"星创天地"备案企业4家。食用菌产业获各项专利17件，省级科研成果13项，国家认定自主研发品种4个，研发新技术30余项，培育科技致富带头人200余人。建有高标准菌种厂17家、专业化菌棒厂21家、食用菌产品烘干厂21家，培养相关技术人员1万余人。培育壮大了承德森源绿色食品有限公司、承德润隆食品有限公司、平泉市瀑河源食品有限公司、河北燕塞生物科技有限公司、承德金稻田生物科技有限公司、平泉市亿园生物科技有限公司等食用菌生产加工及流通企业40多家，其中国家级龙头企业1家、省级龙头企业5家、市级龙头企业16家。培育打造了"森源""菇芳源""润隆""百菇宴""瀑河源"等10余个知名品牌，如图9所示。

图9　平泉市食用菌品牌

四、品牌化创建工作对农业提质增效、农民增收的作用

随着品牌化创建工作的开展，平泉企业品牌与区域公用品牌实现有效衔接与互动发展，对全市农业提质增效、农民增收发挥了重要作用。

（一）富民作用显著

自2003年以来，平泉市食用菌生产规模实现了年均20%递增发展，基地规模及产量位居全国县级前列，建成国内最大的反季节香菇生产基地，食用菌产业综合实力居全国县级首位。平泉食用菌产地平均价格高于其他基地县1~2元/千克，产业链产值超过82亿元，全市农民人均纯收入提高3400元，占全市农民人均纯收入的43%以上，种植食用菌成为全市农民增收最主要、最稳定的来源。

（二）社会效益突出

全市食用菌产业带动发展原料林基地64万亩，有效推动了县域生态环境建设，实现生态与产业互促共赢，同时有效带动了农林废弃物循环利用、房地产、食品加工、机械设备、餐饮休闲、物流运输等20多个关联产业、1000余家企业与商户的发展，形成更大的跨行业经济链条。

（三）助力乡村振兴

平泉围绕促进农民增收，坚定走产业化扶贫路子，而且把食用菌产业作为首选进行大力度推进，这一做法已得到国家、省、市的充分认可，国家和省扶贫部门先后在平泉召开了扶贫工作现场会，向全国、全省推介平泉经验，平泉已成为贫困山区发展农业产业化的学习样板。

一是"入股+分红"扶贫保底模式。脱贫攻坚期内，针对"无资金、无劳力、无力承担风险"的贫困户，全面扩展"入股+分红"的保底收益模式，已有2000余贫困户通过该种模式稳定脱贫。二是领养领种模式。对于有劳动能力且有意愿发展食用菌产业的农户，每户可以根据劳力情况自愿领养，棚室、菌棒、水电等由园区无偿提供，并由园区负责全程技术指导及产品销售等。年底在销售收入中扣除前期的生产投入成本，剩余的纯效益园区与农户按1∶1进行分成，领养1个食用菌棚室（或2万棒香菇成品菌棒）年可实现3万元以上收益。三是"折股量化试点"保底收益模式。以食用菌深加工企业和省市农业产业化龙头企业为实施重点，探索"折股量化试点"模式，所获收益分配给项目所在村村集体、村民或用于全市巩固拓展脱贫攻坚成果。目前，已在两个企业进行了示范试点，年获收益192万元，可为700余农户提供保底收益。

五、品牌创建工作中的可改进之处

平泉市品牌创建工作还有一些待改进之处。一方面，农产品传统流通方式是由产地市场到消费地批发市场，再到二级批发市场、消费终端，流通环节过多，造成品牌效应逐层递减；另一方面，信息传播的碎片化导致农产品区域公用品牌发展投入大、周期长、收效慢。

六、相关建议

现对于平泉市农业品牌创建工作提出以下建议：一是加强产销对接，优化产品流通方式；二是行业主管部门积极发挥消费引领作用；三是加大对农产品区域公用品牌发展的政策支持力度；四是支持农业一、二、三产业融合发展。

分论二

万全糯玉米：万全黄金名片

万全区属河北省张家口市，处于世界三大黄金玉米带之一的中国黄金玉米带，属于东亚大陆性季风气候，四季分明，昼夜温差大，年均气温低，年均降水量不足，无霜期116~135天。万全区独特的地形条件及多样性气候有利于农作物错季生长，特别是较大的昼夜温度变幅、较长的日照时间以及雨热同季条件，非常适合糯玉米的生长。

万全玉米种植历史悠久。据考证，万全玉米（玉蜀黍）传统种植迄今已有千年历史，据《万全县志》记载："玉蜀黍，苗似高粱秆，肥而高，结实，于腰际业腋间，小子者百日照，老金黄，种一百二十日始熟，多煮食亦有磨面蒸食（窝头）者"。自古以来，玉米一直是当地种植的主要农作物之一。图10所示为万全糯玉米。

图10 万全糯玉米

1992年，万全县委、县政府与中国农业科学院、中国农业大学、天津市农业科学院、河北农业大学等高等院校与科研院所建立合作关系，组成种子科研专家团队。1994年，引进中国农业科学院研制的糯玉米品种"中糯1号"进行试验种植，并获得成功。在随后的两年里，通过河北省万全县种子公司引进、示范"中糯1号"品种，开始在民间自发零星种植、蒸煮、出售带皮的糯玉米鲜穗，农民收益十分可观。1998年，万全区诞生了区内第一家糯玉米加工厂。经过20余年的培育打造，到2022年，万全区鲜食玉米加工企业发展到20家，拥有市级以上农业产业化重点龙头企业13家，产品主要销往北京、天津等十几个市（区），并出口韩国、美国、日本等多个国家。2022年，万全区种植鲜食玉米8.35万亩，20家加工企业共落实基地17.6万亩，年加工量达到6.4亿穗，销售收入突破10亿元大关。

万全区内有5家鲜食玉米企业的产品持有有机认证，共创"河北省著名商标"11件、河北省优质产品7件；张家口金慧德食品开发有限公司被确定为清华大学的绿色食品基地（全国共14个，河北省唯一一个）；"禾久"牌鲜食玉米荣获第十五届中国国际农产品交易会参展农产品金奖。2006年12月，万全区被中国特产之乡推荐暨宣传活动组织委员会授予"中国鲜食玉米之乡"荣誉称号；2009年8月，万全区鲜食玉米协会被评选为全国鲜食玉米产业联盟常务理事单位（全国仅两家）；2012年10月，万全区被中华人民共和国国家质量监督检验检疫总局（以下简称国家质量监督检验检疫总局）认定为"国家级出口鲜食玉米质量安全示范区"；2013年8月，在第九届全国鲜食玉米大会上，万全区被授予"全国鲜食玉米示范县"荣誉称号；2014年8月，第十届中国鲜食玉米大会成功在万全区召开；2016年9月，"万全鲜食玉米"被评为"河北省名优农产品区域公用品牌"；2017年9月，"万全鲜食玉米"被评为"河北省十佳农产品区域公用品牌"；2020年4

月,阿里巴巴与天勤科技有限公司合作,在万全区建立中国首个数字化有机鲜食玉米基地。2020年7月,"万全糯玉米"地理标志证明商标成功注册;2022年10月,"万全糯玉米"成功入选农业农村部"2022年农业品牌精品培育计划"。鲜食玉米已成为万全区的一张黄金名片。

蠡县麻山药：加快特色产业建设步伐，力争打造国家级区域公用品牌

据《蠡县水利志》等文献记载，蠡县麻山药的种植历史近3000年，为世界山药起源驯化中心之一。因与其他山药品系相比，食之具有淡淡的麻感而被称为"麻山药"。如今，蠡县是"中国山药之乡"，全县麻山药种植面积近10万亩，产量达25万吨，年产值达20亿元，品种包括棒药、紫药、小白嘴等。2006年，蠡县麻山药以其悠久的栽培历史、优良的品质、独特的口感被国家质量监督检验检疫总局批准为国家地理标志保护产品。

党的二十大报告中指出，树立大食物观，发展设施农业，构建多元化食物供给体系。发展乡村特色产业，拓宽农民增收致富渠道。巩固拓展脱贫攻坚成果，增强脱贫地区和脱贫群众内生发展动力。

站在历史和时代发展的交汇点上，新一代的蠡县人整装再出发，加快特色产业建设步伐，力争打造国家级区域公用品牌。他们以乡村振兴战略为遵循，以农业供给侧结构性改革为主线，以产业化经营为突破口，把科技、绿色、品牌、质量元素融入麻山药生产全过程，推动蠡县麻山药产业全链条健康发展，加速形成"市场牵龙头，龙头带基地，基地连农户"的产供销一条龙、科工贸一体化的生产经营格局，力争把麻山药产业培育成强县富民的支柱产业，为建设"雄南产业新城，品质宜居蠡县"提供有力支撑。

一、坚持麻山药种植科学化引领

蠡县坚持推进标准种植,以贯标促提质,以提质促增效。由该县农业农村局牵头,以《山药生态种植技术规程》(河北省地方标准)为依据,开展技术指导和培训,规范麻山药种植、管理、收获技术,统一标准、统一流程,实现绿色生态规范要求;对根结线虫导致的麻山药重茬问题开展技术攻关,进行麻山药脱毒薯苗培育,同时加大麻山药种植资源保护力度,探索新型种植模式,逐步增加适种面积。

蠡县规范土地流转,引导种植户通过土地流转实现规模化种植,对麻山药种植面积达到100亩以上的经营主体给予适当奖励。

此外,蠡县优化种植园区,以麻山药原产地认证的7个乡镇为依托,每个乡镇建设1个种植面积500亩以上的标准化种植园,园区优先配备病虫害绿色防控设备,统一使用"蠡县麻山药"地理标志保护产品标识,辐射带动全县麻山药标准化种植。

二、推进麻山药加工企业集群化发展

蠡县秉持"农头工尾、粮头食尾"理念,延长产业链条,提高产品附加值。

该县坚持高起点规划、高标准建设蠡县麻山药食品园,促进麻山药加工企业向园区集聚,打造专用原料、加工转化、产品研发、便捷营销融合发展的现代化产业园区。对进入园区的麻山药加工企业,实施租金、水电费减免或补贴政策。对有带动力、影响力、支撑力的重大项目,通过贷款贴息、奖励补助等形式,积极争取国家资金扶持。

蠡县打通科技成果转化应用"最后一公里",鼓励麻山药加工企业与科研院校加强沟通交流,合作开发麻山药保健品、食品、饮料、预制菜等适合市场需求的深加工产品,打造蠡县麻山药高端产品,填补市场空白。每研发一款具有鲜活市场竞争力的新产品，达到一定市场份额，给予企业一次性奖励。

该县坚持培育和引进相结合，鼓励社会资本介入，对现有麻山药加工企业进行提档升级，引入外地优势项目资源，打造一批创新能力强、带动水平高的龙头企业，加快一、二、三产融合步伐。对新认定成为国家级、省级农业产业化龙头企业的麻山药加工企业给予一次性奖励。

三、搭建麻山药市场专业化平台

蠡县搭建功能完备的市场平台，实现麻山药产品流通"线上+线下"融合发展。该县将重启大曲堤麻山药交易市场，建立交易标准化、配送集中化的现代流通体系。利用大曲堤镇壮大村集体经济示范区奖补资金500万元，以入股分红的形式引入社会资本，到2025年，把大曲堤麻山药交易市场打造成具有一定影响力的麻山药专业市场。

在蠡县天津——石家庄高速公路路口附近建设占地百亩的农产品产地仓。与阿里巴巴合作，充分利用其"互联网+"、云平台的优势，构建蠡县麻山药数字化交易平台，配套现代化冷链仓储、物流，实现产、供、销全链路数字化、可视化和品质化，提高采购、销售效率，降低物流成本。鼓励引导中小微企业积极入驻，并进行政策性补贴，入仓即可获得贷款。

四、提升麻山药品牌特色化建设

按照"区域公用品牌+企业产品品牌"融合发展模式，推动形成以麻山药区域公用品牌为核心，辐射"精而美"的企业品牌格局，进一步扩大品牌在全国的影响力，在2025年年底前，将蠡县麻山药打造为国家级区域公用品牌。

深度挖掘蠡县麻山药作为地理标志保护产品区别于其他山药产品的

显著特征，以康养保健为突破口，明确市场定位，以多种手段开展高频率、高规格的针对性宣传，凸显蠡县麻山药品牌灵魂。

继续与电商企业创新合作，展示产业新形象，打造蠡县麻山药在全国的品牌影响力；积极组织新型经营主体参加各种展销会、推介会、网络评选等活动，提升消费者对蠡县麻山药品牌的认知度。对在展销会、推介会及网络评选活动中获得国家级、省级前三名的品牌给予一次性奖励；充分发挥政府引导作用，保定麻山药产业联盟、蠡县麻山药产业协会的带动作用，组织各类经营主体进行打包宣传，体现蠡县麻山药区域公用品牌价值。

五、强化麻山药生产销售全过程监管规范化运行

健全体系、完善制度，对麻山药产品质量安全实施全程标准化监管，有效改善和提高蠡县麻山药品牌产品质量安全水平。

蠡县按照产前、产中、产后标准相配套的原则，由县农业农村局、县市场监督管理局联合科研院所，制定出台全产业链技术标准。到2025年，制定出台麻山药种植、分级、收储、运输等系列标准，形成完备的麻山药产业标准体系。

在蠡县经济开发区成立麻山药产业综合管理委员会，由县委、县政府牵头，各相关职能部门为成员，建立执法约束机制，重点对麻山药生产实施全程质量监管，协调解决产业发展中存在的突出问题，推动产业健康发展。

落实种植主体责任，实行农产品质量追溯和承诺制度，对投入品建档管理，把投入品建档管理情况作为各类认证和创建的重要内容，实行挂钩联动。蠡县农业农村局加强对麻山药农产品质量安全的常规检测，鼓励生产经营者积极申报绿色、有机认证，对获得绿色、有机认证的实施主体给予一次性3万元资金奖励；蠡县市场监督管理局严格监管，严

禁不合格产品流入市场，一经发现严肃处理。

六、加强麻山药研发创新化驱动

加大产学研融合力度，为加快麻山药产业高质量发展提供科技支撑。

由县工业和信息化局牵头，县农业农村局配合，与河北农业大学合作成立河北省山药产业研究院，研究院设在蠡县经济开发区，对麻山药种植、加工及产品研发、销售各个环节把脉问诊，为产业健康、跨越发展提供强大智力保障。

由蠡县政府组织推动，河北省山药产业研究院牵头，农业技术推广机构带动，形成专家、技术员、经营主体互动的三级科技服务网络，建立稳定的技术服务队伍，加强技术宣传和培训指导，让新技术走向田间地头、走进工厂车间，让麻山药经营者都成为行家里手。

对麻山药种苗培育、农机具研制、栽培技术改进等有突出贡献者，帮助其进行专利成果申报，申报成功的给予一次性奖励。

同舟共济扬帆起，乘风破浪万里航。到2025年，蠡县力争将麻山药种植面积稳定在10万亩左右，年产量达到35万吨。引进、建设一批新型农业产业化龙头企业，将"蠡县麻山药"从省级区域公用品牌升级打造为国家级区域公用品牌。

专 论

充分发挥品牌引领作用，
推动农业特色产业转型升级

品牌是产业竞争力的核心，对产业的发展质量和效益有着至关重要的影响。当前我国农业已经由规模扩张全面转向质量提升的新阶段，2019年农业农村部等七部委印发《国家质量兴农战略规划（2018—2022年）》，明确提出加快推动农业发展质量变革、效率变革、动力变革。2021年国务院印发的《"十四五"推进农业农村现代化规划》也明确提出，推进创新驱动发展，提升农业质量效益和竞争力。农业的品牌化是农业高质量发展的重要内容，同时也是深化农业供给侧结构性改革、加快农业转型升级、提升农业质量和效益的现实路径。2018年农业农村部印发《关于加快推进品牌强农的意见》，明确指出品牌建设贯穿农业全产业链，是助推农业转型升级、提质增效的重要支撑和持久动力。2022年农业农村部印发《农业品牌打造实施方案（2022—2025年）》，提出"十四五"时期要塑强一批品质过硬、特色突出、竞争力强的区域公用品牌，带动一批支撑区域公用品牌建设、促进产业高质量发展的企业品牌，推介一批绿色优质农产品品牌，构建特色鲜明、互为补充的农业品牌体系。在特色农业发展中，应以品牌建设为抓手，统筹农业产业生产运营、体系建设、市场营销，贯穿生产、加工和流通全链条，推动产品质量提升及供应链建设，加快特色产业转型升级。

一是要以品牌建设为抓手，推动全程标准化。我国农业，尤其是种植业，仍然是以众多的小农户为生产主体，生产规范化水平不高、品种繁多、品质参差不齐，是制约我国农业质量效益和竞争力提升的重要原因。推动农业生产的标准化，尤其是生产、加工、流通环节的全程标准化，是推动我国农业高质量发展的一个关键性举措。区域公用品牌建设、农业企业品牌和产品品牌建设必然要求制定产品的生产标准、加工标准、流通标准和质量安全标准，并根据产品质量要求对生产、加工和流通各环节提出相应的技术操作规范和标准流程，从而将产业链上的各类主体纳入统一的标准体系，这将极大地提高农业产业的全程标准化水平。

二是以品牌建设为抓手，推动农产品质量水平提升和管理制度构建。产品质量水平不高，大路货多、优质产品少，是造成我国众多特色农产品竞争力不强、效益偏低的根本原因。加快品种培优、品质提升，是增强特色农产品竞争力、提高效益的必然选择。推进品牌建设必然需要对产品品种和品质标准进行界定，将各类优良品种导入，按照消费需求趋势对产品品质提出明确要求，从而加快优良麻山药品种的推广，同时推动生产者改进生产技术和加工工艺，以增强品牌产业的市场竞争力。建立农产品质量管理体系，是增强品牌信誉的必然要求。在农产品品牌的建设中，推动各个品牌建设主体完善全程质量管理体系，建立产品质量追溯制度，从而稳步提升特色农产品的质量管理水平。

三是以品牌建设为抓手，提升特色农业供应链现代化水平。现代产业的竞争已经由单个产品的竞争、单个企业的竞争转变为供应链竞争、产业集群竞争。《"十四五"推进农业农村现代化规划》明确提出，提升产业链供应链现代化水平。推动品牌建设是提升供应链现代化水平的有效举措。健全的仓储物流配送体系是供应链高效运行的基础，而产业链各环节主体间能否按照统一的质量标准、技术规程高效协作协同，是影响供应链运行效率的关键因素；而基地建设与产后加工流通相脱节，联农带农机制不完善，既是制约我国产业发展的重要因素，也是影响小农户与现代农业有效衔接的关键因素。推动品牌建设，明确农产品生产基地、加工企业和流通主体的协作关系，并为各环节主体制定贯穿全程的质量标准体系、操作规程，从而推动形成主体间稳定的合作关系，将有力推动产业链供应链的现代化，增强品牌产业的竞争力。

四是以品牌建设为抓手，加快产业服务体系构建。随着技术的快速迭代，产业分工日益深化，服务业成为农业转型升级的重要支撑。党的二十大报告提出，构建优质高效的服务业新体系，推动现代服务业同先进制造业、现代农业深度融合。能否构建发达的产业服务体系成为决定特色农业产业持续发展的决定性因素。农产品品牌建设既需要引入专业组织为产品制定质量标准、技术规程，也需要引入外部的创意设计、市场营销等各类专业组织为品牌的外观设计、文化内涵进行量身打造。区域公用品牌在建设过程中还需要强化行业协会、第三方组织的监督管理、纠纷仲裁等组织和机制，由此也形成了围绕特色产业发展的公共服务和市场化服务相结合的产业服务体系，为产业发展提供强大支撑。

五是以品牌建设为抓手，推动特色农业迈进创新驱动和市场驱动相结合的新阶段。以技术创新加快质量和效率提升成为农业转型升级的内在要求。品牌建设是推动产业按照市场需求推进技术创新、提升质量的有效抓手。实践中，全面推进特色农产品品牌建设，既要重视品牌符号的设计和宣传，加大品牌文化内涵的挖掘，充分展示农业多功能和乡村多元价值，更要重视品牌所要求的标准体系、管理制度以及供应链各主体的协作协同，夯实品牌根基，这既是决定品牌影响力和价值大小的核心因素，也是发挥品牌建设对产业转型升级引领作用的关键。

数字技术驱动农业品牌发展

一、前言

（一）数字驱动品牌发展作用机制

近年来，受网络化、信息化技术发展的影响，数字世界的品牌化出现了一些新的逻辑。数字技术的发展伴随着社交媒体、虚拟社群等数字平台的产生，影响了传统品牌的发展路径，数字环境具有信息丰富易获取、传播速度快、连接各方互动、参与者共同实现价值互创等优势。

传统的品牌管理是基于消费行为信息过程理论，品牌为公司所有，基于顾客的品牌资产创造了品牌价值（Keller，1993）。Luo等（2015）在研究中发现，社交媒体对消费者社群关系产生积极影响，而这种积极的共创关系又会影响品牌承诺和品牌忠诚。在数字世界里，品牌被解释为集体共创的过程。Gensler研究指出，品牌产生新的品牌价值的途径有消费者与消费者的互动、消费者授权和社交媒体的分享。例如，浙江省舟山市以中国舟山国际水产城和舟山陆港物流有限公司为龙头创建水产品牌，搭建渔业电商平台和网络物流配送平台，不断壮大电商队伍，2018年网络销售额高达2亿多元。

Schivinski等（2015）研究发现，公司主导创造和用户主导创造的品牌传播都会影响品牌意识，但是在对两种传播途径的研究中发现，用户主导创造的品牌传播对品牌忠诚以及感知品牌质量有着更为积极的影响，从而更利于品牌资产的积累。例如，华特迪士尼（中国）有限公司通过打造不同IP（互联网协议地址），并在落地乐园时从金融、交通、消费、餐饮等多个方面融入消费者生活内部，借助自媒体的发展以及品牌自身的知名度让虚拟偶像的形象持续迭代，摒弃了传统的营销模式，使用互动式营销模式建立了与用户的情感黏性。新冠疫情结束后，上海迪士尼官方微博宣布恢复因疫情取消的与迪士尼朋友近距离接触的项目，截至当天12时迪士尼门票热度环比前一日跃增350%，周边酒店热度环比前一日涨幅超过260%。

学者的研究和实例揭示出数字时代背景下，数字化通过将生产端与消费端联合起来实现价值共创以提升品牌价值，因此在品牌的发展过程中消费者反馈的重要性不断加强。

（二）数字赋能农业品牌发展的意义

1. 数字赋能农业品牌发展是全产业链发展的重要推动力

数字化已经在当前的社会生产和生活中得到广泛的应用。农业品牌在数字化时代应该更加关注数据和信息化，实现供应链透明，增强生产环节适应性和精简化，建立更强的品牌形象。随着数字经济的持续发展，农业品牌发展也将迎来更多的机遇和挑战。

在生产加工阶段，可以通过农业物联网技术提高生产稳定性，帮助维护品牌口碑。通过传感器、设备网络和互联网，帮助农民监测和掌握土壤温度、湿度、光照、CO_2（二氧化碳）浓度等数据，对生产计划进行自动化调度和管理，以确保生产进度和产品质量的稳定性，有助于提升品牌形象和客户满意度。除此之外，数字化技术还可以帮助企业实现制造流程自动化。例如，用机器人和其他自动化设备等替代人力工作以提高生产效率和稳定性。稳定高质的产品利于品牌形象的建立和维护。在农产品销售阶段，数字化技术可以帮助品牌收集和分析大量数据，从而更好地了解市场需求、消费者喜好以及竞争对手的行为等信息，并据此制定更符合市场需求的生产计划和营销策略，从而解决传统方式带来的效率低、产品同质化问题，形成鲜明的品牌特色。通过移动互联网、云计算、大数据等技术手段，建立产业链上的各个主体之间的高效沟通渠道，将消费者、农民、物流从业人员、电商企业等多个环节通过互联网连接起来，形成一个农产品全产业化信息平台，采用数字化手段也有助于了解客户的个性化需求，据此定制特色产品，形成稳定的客户群体，提升品牌形象，提高客户满意度。

2.数字赋能农业品牌发展是管理客户关系的有效手段

数字化和品牌发展是密不可分的。在数字化时代，品牌的数字化策略至关重要。品牌需要将其业务和产品服务数字化，以跟上数字时代快速变化的步伐，并通过数字化方式来扩大自己的品牌影响力，增加品牌的商业价值。

数字化可帮助品牌建立客户关系管理系统，使其能够更好地与客户沟通和互动。通过定制化的营销策略，品牌可以个性化地与客户互动，并为其提供更好的品牌体验。例如，优衣库通过社交媒体融合电商——"掌上优衣库，一键随心购"，打造不断进化的新零售购物体验。与此同时，用官方自媒体强化品牌与"粉丝"的沟通和生活互动，从PGC（专业生产内容）到UGC（用户生成内容），拉近"粉丝"与品牌之间的距离。新冠疫情期间，优衣库通过社交媒体融合电商以及O2O线上线下整合的服务体验的差异化价值打造，加速实现了优衣库店铺及官网购买客数的大幅拉回，环比疫情最严重的时期，客数实现了5~6倍的大幅增长。

线上线下相结合完善数字化平台，通过多种渠道提高消费者的购买反馈体验，可以使消费者主观上更愿意参与产品改进，品牌也会塑造互动热情、平易近人的品牌联想形象，有助于品牌的长远发展。

3.数字赋能农业品牌发展有利于品牌社群的建立

品牌社群是指在使用某一品牌的消费者之间的一整套社会关系的基础上形成的非地理意义的社区。在数字技术普及之前，产品的生产端与消费端是分离的，品牌社群作为身份的象征只是提升消费体验的一种方式。该种形式的品牌社群只局限于消费者层面，未能形成消费者与生产者之间的交流，很难形成稳定的消费者群体。数字技术的加入可以使生产环节与消费环节结合起来，为生产者、品牌社群和消费者之间的交流提供便利，利于吸引新消费者以及品牌社群的维护，实现消费者与企业之间的价值共创，在提供更好服务的同时保持消费者的黏性，并且品牌可以使用已有的社群连接拓展新的交易机会；同时品牌社群是一个良好的传播途径，可以给品牌带来更低成本、更高效率的宣传效果。在产品完善方面，品牌社群通过顾客参与促销和数据采集等活动，及时回应消费者的需求，逐步完善产品，实现价值共创。

4.政策规划支撑数字赋能农业品牌发展

国家层面出台了多项通知、指导意见等助力品牌发展，农业农村部办公厅《关于开展2023年农业品牌精品培育工作的通知》中提出"2023年，综合产业规模、品牌基础、市场消费和国内外影响力等因素，在2022年培育工作基础上，重点培育32个品类的区域公用品牌"。《国家质量兴农战略规划（2018—2022年）》明确指出品牌的重要性，提出要"实施农业品牌提升行动，培育一批叫得响、质量过硬、有影响力的农产品区域公用品牌、企业品牌、农产品品牌"。农业农村部办公厅《关于印发〈农业品牌精品培育计划（2022—2025年）〉的通知》提出，"推动营销与数字技术结合，创新营销模式，发展消费新业态，促进消费提质扩容"。中华人民共和国国家发展和改革委员会（以下简称国家发展改革委）等七部委《关于新时代推进品牌建设的指导意见》

中提出，"面向产业数字化发展需求，围绕人工智能、5G、工业互联网、智慧城市、智慧农业等领域，培育优质数字化品牌。实施'数商兴农'，培育电商优质品牌"。

河北省农业农村厅制定《河北省特色优势产业集群2022年推进方案》，提出"加快发展现代都市农业，推动特色优势产业集群发展"，数字产业的引入有利于延长产业链，从而推动产业集群的形成，助力形成地方特色品牌。地方上，河北省人民政府办公厅印发《加快建设数字河北行动方案（2023—2027年）》，指出大力发展工业电子商务，集中展示推介1000个河北知名工业品牌和1000个名优工业产品。河北省人民政府办公厅印发《河北省制造业高质量发展"十四五"规划》，指出开展工业电子商务实训基地建设，通过微信、微博、短视频、直播等形式加强品牌推广，拓展产品销售渠道。

综上所述，数字产业带动品牌发展是国家和各个地级市发展的众望所归，数字产业融入农业品牌发展是各地级市特色品牌、特色产业发展的必由之路。

二、数字技术在河北省农业品牌发展中的应用

近年来，河北省坚持以习近平新时代中国特色社会主义思想为指导，深入贯彻落实国家关于建设智慧农业、数字乡村的战略部署，立足省内丰富的农产品资源，以物联网、大数据、云计算、人工智能等高新技术为支撑，以数字化作为推动品牌农业建设的重要抓手，推动农产品标准化生产，支撑农业追溯体系建设，促进产销精准对接，提升农产品市场监管能力，拓展农产品多元化服务，提升农业品牌的价值，以数字技术驱动河北省农业的高质量发展及现代化建设。河北省各地级市围绕以数字技术提升农业品牌的建设及管理开展了深入研究和有益探索，取得了诸多新成效、新进展。

（一）数字技术驱动标准化生产，推进追溯体系建设

1.机械自动化技术提升精准化种养水平

农业机械自动化技术的应用，主要将智能化设备和机器人等技术应用在种植、养殖、加工等各个环节。通过农产品生产设施装备升级、加工保鲜智能化技术提升等途径，实现种养、加工等环节的精准化、标准化、自动化控制，不仅可以提高生产效率，也可以使农业投入品的使用等做到精准控制、有源可溯，对标绿色、安全、可追溯的农产品品牌建设。

衡水市相关部门注重农机化水平的提升，据调查，2022年共落实农机购置补贴资金1.27亿元，补贴拖拉机、小麦联合收割机、玉米联合收获机等机具4993台（套），全市农业机械化水平达到92%。位于邢台市的金沙河农作物种植专业合作社，培育职业农民进行科学化的农田管理，利用无人机作业、自走式机械植保、自动喷灌等技术，实现从种到收的全程高标准机械化，减少了近70%的人力成本和30%的物力成本。唐山市聚焦科技农业、绿色农业、品牌农业、质量农业"四个农业"，以机械化提升农业质量效益，滦南县、遵化市、芦台经济技术开发区等县（市、区）获得"全国主要农作物生产全程机械化示范县"的国家级称号。石家庄市农林科学研究院赵县实验基地中的全国首家露地甘蓝无人农场实施的"蔬菜规模化生产人机智能协作技术"入选"2020年农业农村部全国十大引领性技术"。

2.农业物联网技术提升智慧化管理水平

农业物联网技术在农业生产中的应用越来越广泛，尤其是在设施农业生产及大田种植等领域。通过运用各类传感器、设备网络和互联网，全面采集种养现场的温湿度、二氧化碳浓度、光照强度等环境指标，以及动物的体温、心率、呼吸频率，叶片叶绿素等动植物生长情况指标诸

多信息。通过数据传输、转化、融合与处理，更好地管理和控制农作物的生长、产量和品质，从而实现农业的自动化生产、最优化控制及智能化管理。

石家庄、邢台等地建设应用线上农业管理技术平台，如石家庄市的设施蔬菜生产智能化管控技术体系，在全省累计推广面积36.77万亩，新增经济收益4.48亿元；金沙河农作物种植专业合作社安装"农事云"线上智慧农业软件，记录麦田耕种全过程及成本核算等。保定市定兴县于2022年7月开始建设万亩生态智慧农场，通过建设水肥一体化智能灌溉设施、土壤墒情自动检测网络系统、气象监测系统和病虫害防治系统等，推进农业生产规模化、智慧化、机械化发展，以实现水肥、土壤等种植环境信息的精准化、标准化控制。邯郸市在冬季奥林匹克运动会期间，进行供奥食品全过程规范质量管控，备选供应基地及企业全部纳入省追溯平台管理，确保供奥产品100%实行电子追溯，以切实保障赛会期间全市农产品的质量安全。

3.农业大数据分析提升智能化决策水平

农产品在种植、养殖、加工等生产环节会产生海量数据信息，因此，大数据分析技术在农业领域得到了广泛的应用。农业从业者可利用互联网及其他信息技术收集产前、产中、产后的农业全产业链过程中的各类数据，通过分类、回归、聚类、因果分析等农业大数据分析技术，深度挖掘生产数据特征及规律，及时优化调整农业生产策略，如产前土地规划、种养品种鉴别、大田管理、病虫害预防、农产品检验、加工过程控制等，排除生产隐患，提高生产效率及产品质量。

承德市在农业生产基地开展水质、土壤、空气等项目的产地环境监测，实施耕地质量保护提升以及化肥农药减量增效行动，利用大数据分析技术，全面落实企业农药、兽药、饲料等投入品规范使用，质量安全强制报告，缺陷产品召回等质量保障制度，建立健全从种植养殖、生产加工到平台销售全链条的产品质量监管体系。沧州市严格管控产地环境、农业生产过程、产品质量，依托大数据分析技术建立投入品进场、产品出场检测制度，保障产品质量安全。保定市推进"互联网+"农产品出村进城工程，提升益农信息社运营能力，探索打造"数字+公共服务"窗口，强化关于信息技术的培训体验等服务，提升农业从业者利用互联网及其他信息技术进行农产品生产销售的能力及决策水平。

4.区块链技术助力农产品溯源质量监控

区块链技术是一种分布式的、去中心化的、集体维护一个可靠数据库的技术方案。区块链技术的应用可以推动生产加工、流通贮藏、产品销售等全产业链模式的变革，而提高农产品的可追溯性是区块链在农业供应链中最常见的用途。通过应用区块链技术快速追溯农产品来源、定位产业链上的各个环节，可以让消费者充分了解农产品生产过程以及运输、加工过程中的各类信息，包括种养环境、使用的投入品、加工流程等，以提升消费者对农产品的信任度。

承德市依托河北省农产品质量安全监管追溯平台构建"承德山水"品牌的产品可追溯体系，引导入驻企业严格以"承德山水"的绿色食品生产标准组织生产，确保实现经营主体生产标准、生产信息、基地信息、加工信息等信息的真实性、可追溯性，加强"承德山水"品牌产品的质量把控。唐山市坚持标准化生产与质量监管"两手抓"，全面打造"安全食品唐山造，绿色食品进万家"品牌，建设"智慧农安"监管平台，并纳入3700多家农产品生产企业，实现了"标准可查询、生产可监控、销售可追踪、质量可追溯"，是河北省唯一获得"国家农产品质量安全市"称号的地级市，并于2021年成为全国唯一获批筹建农业农村部农产品质量安全检验检测中心的地级市。

小结

综合河北省各地在标准化生产基地建设、农产品质量监管及追溯平台建设等方面进行的探索与实践,如无人机种植、机械化作业、线上智慧农业等技术在诸多基地得到应用,成功建设了无人农场、河北智慧农机决策管理平台、"承德山水"品牌监管平台等,初步形成了农业物联网综合应用体系,种养环境动态监测与控制、农机远程实时监管、测亩测产等能力得到提升,为其他地区品牌农产品质量提升提供了样板;但同时,河北省以数字技术推进农业品牌发展的过程中仍存在一些问题。首先,河北省农产品种类丰富,但部分品种由于土地分散、水资源有限等原因,机械化作业及标准化生产技术难以推广,精准化、智能化生产水平较低,导致产品单产不高或生产规模不大,难以形成优质高端的农业品牌。其次,缺乏全流程、一体化的智能化生产管理技术,资源集约高效利用率不足,产能大而不强,制约了精品农业品牌的发展。最后,农业投入品的监管需要强化落实,农药、兽药等投入品的追溯等需要继续推广。

(二)数字技术助力精准式营销,提升市场监管效能

1."互联网+农业"促进产销精准匹配

通过移动互联网、云计算、大数据等技术手段,建立包含农业生产、农产品批发零售、农产品物流等环节的全产业信息化平台,实现生产、物流、销售的信息对接及整合,推进订单式等个性化服务,实现产品创制与消费者需求的高效精准对接。

沧州市相关部门着力强化对消费人群、习惯、水平、地域差异以及沧州品牌域外市场等方面的调查与研究,组织农业企业、园区、农业生产基地、合作社等,积极参加全省组织的"农商、农批、农网"精准对接活动,助力稳定购销关系的建立,增强沧州品牌的竞争力。秦皇岛市探索新兴服务模式,依托秦皇岛秦家味餐饮服务有限公司、正大食品企业(秦皇岛)有限公司、秦皇岛市"在旗"食品有限公司、秦皇岛丰禾

农业股份有限公司、昌黎县嘉诚实业集团有限公司等龙头企业，根据市民及团体组织的多元化餐饮消费需求，大力发展净菜加工、营养配餐、团体用餐、集中配送、食堂托管等服务。承德市坚持以消费者需求为目标，组织开展定向直供直销活动，推动北京、天津组织各级各单位优先采购"承德山水"品牌农产品，同时创新销售平台的运营模式，以奖励抽成等方式提升京津地区合作企业的积极性，提升"承德山水"品牌知名度。

2."互联网+农业"拓展产品营销渠道

互联网等数字化技术的发展为农产品销售提供了新的思路及方法。河北省以"河北特色馆"建设为主要载体，搭建农产品产销对接网站、电商平台等，利用各类社交及网络媒体，谋划打造全省范围的农产品网络销售平台，维护老客户，发展新客户，探索"品牌+电商"新思路，创新发展多元化的农产品营销模式，拓宽销售渠道。

唐山市积极探索"互联网+"营销的农产品品牌营销模式，先后组织唐山乐丫实业股份有限公司、唐山乡伊香生态农业开发有限公司等企业利用线上平台进行品牌宣传营销，采用"网红直播""县长带货"等网络直播营销方式，形成线上宣传、订单，线下展示、营销的新格局。廊坊市引导农业龙头企业与阿里巴巴、京东商城等知名网络平台合作，拓展自身产品的销售渠道，如廊坊市万地葡农业科技有限公司依托"易鲜"App和网络购物平台，构建以农业生产基地、农业商贸公司、冷链物流公司为核心的经营体系，实现"电子商务+生产基地+社区直配"的生鲜直销模式。秦皇岛市青龙满族自治县举办秦皇岛市板栗产业发展大会，注册"青龙板栗"区域公用品牌，与中通快递股份有限公司、中国邮政速递物流股份有限公司等物流公司，阿里巴巴、京东商城等电商平台达成战略合作关系，全县农户开设板栗淘宝店370多家、直播带货150多家、以经营板栗为主的合作社1075家，带动建设县级电子商务公共服务中心及县乡村电子商务物流配送网。

3."互联网＋农业"助力市场安全监管

农产品质量安全监控在农业品牌建设中具有至关重要的作用，需贯穿于整个农业产业链。因此，依托互联网、大数据技术等构建农产品种类覆盖全面的全产业链农产品质量检测体系及安全监管体系是提升农业品牌质量、提高消费者信任度的重要途径。

衡水市建立健全农产品质量追溯体系，1000家规模经营主体被纳入监管平台，实现11个县（市、区）全覆盖，种植业农产品质量检测能力跃居全省第一。沧州市围绕八大类特色农产品，于2022年年底前创建"大而精"的精品示范基地5个、"小而特"的优质农产品供应基地5个，基地全面推行绿色、有机标准化生产及全程质量控制，质量检测合格率达到100%，带动全市农产品标准化生产，农产品品质和质量安全水平全面提升。全国首家马铃薯质量检测机构"农业农村部部薯类产品质量监督检验测试中心（张家口）"坐落于张家口市，目前是全国两家专门从事马铃薯质量检测的国家级中心之一。承德市严格落实产品准入机制，增强对品牌农产品的质量监管，推动188家入驻企业953个产品实现扫码查询，针对农产品质量安全完成质量溯源系统建设。

小结

在推进产销精准匹配、拓宽营销渠道、提高产品市场监管能力等方面河北省各地市布局了一系列工程项目，如利用大数据信息采集及分析技术着力分析消费者的消费习惯、水平、地域差异等。2018年，打造河北省品牌农产品网上商城"特优农品"，以宣传销售河北"特色、优势、优质、品牌"农产品为主，以"共享仓储、共享物流"为辅，遴选优质农产品和农业企业免费入驻平台，并选择北京、上海、深圳、广州等城市举办河北品牌农产品万里行活动，创新"现场推介＋淘宝网红、抖音直播推介"模式，拓展线下销售渠道。在信息传播多样化发展的形势下，河北省农业品牌发展更需要注重消费需求，拓展营销渠道，提升品牌核心竞争力：一是提升品牌农产品研发能力。河北省品牌农产品种类丰富，但诸多农业品牌存在产品研发能力不足的问题，其产品不能满足消费者的特殊需求，消费市场狭窄，品牌竞争力不强。二是强化品牌农产品营销能力。河北省许多农业品牌企业受规模及档次的制约，产品研发及市场开发的能力较弱，导致品牌市场占有率不高、市场话语权不强。

（三）数字技术拓展多元化服务，提高品牌市场价值

1.数字技术优化客户体验感

数字技术提供多种与消费者的沟通方式及渠道，通过建立客户关系管理系统精准分析品牌受众，充分了解消费者对产品的个性化需求，或者利用大数据技术挖掘客户潜在的农产品消费偏好等信息，为客户提供有文、有图、有声、有影、有互动的定制化的营销策略，推介相应农业品牌，实现农产品消费便捷、高效，优化客户体验感。

承德市融合网络商城、工会直购、双认双定、电子申报、质量追溯、二维码查询等功能，推进服务平台便捷化建设。在2022年承德农产品品牌推介会上，采用"线上+线下"相结合的方式，设置农产品展区及"网红"直播带货区，从农产品品质和人文历史等各方面集中宣传和展示生态食用菌、生态香菇等优质产品，并为无法到现场参展的观众提供"云逛展"服务。邯郸市农业园区加大品牌营销力度，积极发展电子商务、直销配送、高端定制、社区体验等新型营销方式，提升消费者消费便捷度。承德市积极为入驻企业提供公众号、小程序等宣传服务，加大入驻企业的公共服务力度，促进消费者全面了解农业品牌信息。

2.数字技术扩大品牌知名度

利用新兴网络媒体资源创新品牌宣传推介模式，河北省注重优化农

业品牌搜索引擎、社交媒体推广、与各大电商平台发展战略合作等，同时举办线上"网红带货"、主流新媒体宣传推介等活动，更好地向客户展示各类农业品牌的产品和服务，打造品牌"网红"农产品，提高农业品牌的知名度。

保定市根据本市区位优势、科技优势、市场优势，全面推进与京东商城、阿里巴巴等电商平台的战略合作，构建"1+N"品牌农业体系，打造"直隶田园"金字招牌。沧州市参加"河北品牌农产品万里行"、河北省农业农村厅在北京举办的"品味河北""京津冀品牌农产品产销对接"等活动，以中高端市场为重点，引领品牌产品拓展高消费市场，利用专业平台帮助品牌农产品快速出货，提升品牌知名度。2022年，唐山市农业农村局先后组织遵化香菇及滦南大米生产企业参加河北品牌农产品万里行广州站、西安站（线上）活动，推荐涉农公司参加抖音、京东商城等平台的线上营销活动，同时利用报纸、网络、新媒体等平台进行农业品牌的融媒体宣传推介，扩大农业品牌的知名度和美誉度。

3.数字技术提升品牌影响力

数字技术为农产品，特别是品牌农产品的跨区域流通提供了便利条件，利用短视频、网站、微信等多种渠道，以讲述品牌原生态故事、农耕文化非遗展演等形式进行数字化营销，提升品牌农产品的公信力；同时有利于开拓海外市场，提高我国农业品牌在国际农产品市场上的竞争力及影响力。

承德市采用媒体、定向直供直销、举办"承德山水"农产品展示展销会等形式，多角度将"承德山水"品牌推向市场。在"2019中国农产品区域公用品牌·最佳市场表现品牌"评选活动中，"承德山水"品牌荣获"2019中国农产品区域公用品牌·市场新锐品牌"奖，同时被评为"我最喜爱的河北农产品品牌"。石家庄市创建"实在井陉"区域公用品牌，通过线上打造"陉山好物"直播栏目，线下实体店销售的方式，推动品牌农特产品不断提高质量、提升销量，让好山货卖上好价钱，让小作坊变成小企业，让文化产品变成商品，把手工传承的"老字号"品牌发扬光大，打造"1+N"聚合效应，提升品牌影响力。唐山市积极组织品牌农产品生产企业参加国内大型农产品交易会，扩大唐山品牌农业影响力，在中央电视台农业农村频道《农业气象》栏目、北京西站、唐山高铁站、唐山机场高速出口投放广告，推介优质农产品，提升品牌形象。

小结

当前农业品牌的营销模式由原本的"以产品为中心"转变为"以客户体验为中心"，河北省部分地区在提升品牌服务质量方面做出了探索和实践，如采用"线上+线下"综合营销模式，展开优质品牌农产品的网络直播、媒体宣传等推介活动，提升品牌知名度和影响力。2019年，河北省组织开展"我最喜爱的河北农产品品牌"评选活动，在报纸、网站、微博、微信等平台开设评选专题，以投票和专家评审相结合的方式遴选出"我最喜爱的河北农产品品牌"。河北省的农产品品种虽然丰富，但仍存在一些问题：一是多数农产品品牌规模较小且较为分散，同类产品存在竞争现象，未能合力形成强大的市场竞争力；二是缺乏高端的精品品牌，多是一般产品或传统初级农产品占主导地位，品牌标识、形象设计水平较低，缺乏对品牌内涵的挖掘，名优产品或高附加值产品较少；三是农业品牌主体的品牌意识不强，农业品牌的宣传力度不够，管理监督机制不健全，影响了消费者对品牌的认知，当发生产品质量问题时，容易导致品牌信任度下降，损害品牌形象。

三、数字技术驱动河北省农业品牌发展的建议

河北省是京津冀协同发展的核心之一，要紧抓京津冀协同发展为河北省农业发展带来的契机，推动河北省农业品牌的高质量发展。为进一

步深化数字技术在农业品牌建设提升中的应用，现从品牌质量、消费精准对接、品牌影响力提升以及品牌服务体系等方面提出以下建议。

（一）全过程提升品牌产品质量

随着跨区域农产品流通体系的不断发展，市场上来自不同地区的农业品牌相继出现，面对诸多选择，产品质量成为消费者重点关注的内容。强化数字技术在农业品牌标准生产、质量安全监管等领域的支撑作用，提升品牌农产品质量，是建设优质农业品牌的重要基础。

（1）完善生产标准化、智能化技术管理体系。推进大数据、物联网、区块链等数字技术在种养管理以及生产设备机械化、智能化改造等方面的应用，打造农业技术攻关、科技装备创新平台，提高农产品从生产到包装的标准化、智慧化、信息化和自动化水平，建设高标准的品牌农产品生产基地。搭建农业投入品使用监管平台，推动农药、化肥、兽药等的减量使用，以保证品牌农产品的质量稳定性，并实现产品质量全程可追溯。

（2）强化品牌农产品及品牌管理体系建设。搭建全省域的农产品质量安全追溯平台，实现河北省内品牌农产品的全程溯源及质量安全监管，对接国家农产品质量安全追溯管理信息平台，提升农业品牌的信誉及影响力。优先使用国际国内先进质量管理技术与方法，如ISO 9000质量管理和质量保证系列标准、六西格玛管理策略和质量管理方法等，对标国际精品农业品牌质量水平，为拓展国际市场奠定基础。搭建农业品牌监督管理平台，实行严格的市场准入制度，严格核查农产品的质量及农业品牌使用情况，维护品牌声誉。

（二）精准对标各级消费需求

伴随数字化技术在农业领域的应用，数字化营销已成为推广农业品牌的必然趋势，推动农业品牌的数字化改造，充分利用人工智能、大数据分析等技术，助力品牌农产品销售决策的制定，实现产销精准对接，满足消费者需求，是农业品牌高质高效发展的重要抓手。

（1）完善品牌农产品产销对接服务。通过强化数字技术赋能，大力推进农产品供销机制、运营服务保障体系的建设，推动个性化定制、智能化生产、数字化管理、多元化销售等新型产销对接模式投入应用，降低产品同质化率。促进农村电子商务的发展，鼓励与阿里巴巴、京东商城等大型电商平台合作，利用电商节庆举办专题促销活动，强化品牌农产品线上线下销售互动，推进农业品牌市场产销高效对接。

（2）推动农业品牌大数据平台建设。通过大数据平台收集分析品牌农产品产销情况，面向消费者及市场，运用大数据分析、机器学习、分布式计算等数字技术手段，分析消费者的消费习惯及消费倾向，帮助品牌企业深入分析不同消费者的个性化需求，掌握品牌市场发展趋势，创新网络营销模式，根据分析结果为处于不同地域、消费习惯不同的各年龄段消费者量身制定不同的品牌营销、推广策略。

（三）多渠道提升农业品牌价值

品牌定位是明确品牌发展目标、提升农业品牌价值的前提。河北省拥有众多品牌农产品，需借助数字技术设计个性化品牌形象，提升市场辨识度及品牌知名度，通过品牌文化挖掘、时尚引领、"网红"消费等途径更为精确地实现品牌定位，提升农业品牌的附加价值。

（1）展示农业品牌特色文化内涵。数字技术推动媒介形式多样化发展，可以利用数字化技术梳理品牌农产品的特色，对农业品牌进行个性化形象设计，瞄准市场需求，深挖市场潜力，细化品牌营销策略，满足消费者在信息碎片化背景下对高品质信息的需求；同时借助人工智能、VR（虚拟现实）等数据可视化技术进行互动式品牌农产品推介，实现农业品牌形象的沉浸式展示，提升品牌知名度。

（2）加大农业品牌宣传推广力度。拓宽品牌宣传途径，利用数字化技术实现品牌宣传视频等的精准投放。综合线上直播等新兴媒体资源，发挥网络、手机传播快、覆盖广、成本低的优势，将农业品牌带有的文化内涵或相关文化符号、艺术形式等信息以多样化的形态链接到微博、微信、移动客户端App等媒体技术平台，开展全方位、多层次、立体化的品牌宣传推介，提升品牌的美誉度和忠诚度。

（四）数字化思维优化服务体系

依托数字化技术建立覆盖全产业链的信息资源数据平台，综合品牌咨询、品牌传播、品牌评选、品牌评价认证等功能，全方位展示农业品牌形象。健全农业品牌的全产业链公共服务体系及品牌监督管理体系，实时监控网络舆情，及时处理、化解舆情危机，提升农业品牌公共服务能力及市场监管能力。

（1）推进全产业链公共服务体系建设。依托互联网、物联网、区块链、大数据分析等数字化技术，建立农业品牌信息资源共享平台，进行充分的市场分析，了解农业品牌市场发展情况，深入分析消费者需求，以需求为导向，打造"数字+品牌公共服务"体系，优化提升农业品牌的服务水平及质量。建设跨区域对外合作平台，示范引领农业品牌区域化协同发展，增强区域外农业品牌市场竞争力。

（2）加强农业品牌监督管理体系建设。在促进农业品牌推广和扩展的同时，加强对农业品牌的管理与保护。搭建农业品牌监督管理平台，对品牌产品质量等进行动态监管，促进农业品牌的树立并维护良好的信誉及形象。增强农业品牌主体的品牌保护意识，引导企业进行商标注册、著作权保护、专利申请等产权保护工作，加强对老品牌、老工艺、老品种的保护与传承，加大对假冒、滥用品牌行为的打击惩治力度。

参考文献

[1] 朱良杰,何佳讯,黄海洋.数字世界的价值共创:构念、主题与研究展望[J].经济管理,2017,39(1):195-208.

[2] ERDEM T, KELLER K L, KUKSOV D, et al.Understanding Branding in a Digitally Empowered World[J]. International Journal of Research in Marketing, 2016, 33(1): 3-10.

[3] LUO N, ZHANG M, LIU W.The Effects of Value Co-Creation Practices on Building Harmonious Brand Community and Achieving Brand Loyalty on Social Media in China[J]. Computers in Human Behavior, 2015, 48(C): 492 – 499.

[4] GENSLER S, V LCKNER F, LIU-THOMPKINS Y, et al. Managing Brands in The Social Media Environment[J]. Journal of Interactive Marketing, 2013, 27(4): 242 – 256.

[5] SCHIVINSKI B, DABROWSKI D.The Impact of Brand Communication on Brand Equity Through Facebook[J]. Journal of Research in Interactive Marketing, 2015, 9(1): 31-53.

[6] 周文燕.数字时代海岛地区渔农业品牌化发展的若干思考[J].科技经济市场,2022(12):51-53.

[7] 黄怡婷,顾明毅.迪士尼虚拟偶像的数字品牌营销[J].中国广告,2022,353(5):46-49.

[8] 石家庄农林科学院.科技创新赋能农业高质量发展——我市农业科研取得丰硕成果,https://www.sjz.gov.cn/col/1641437541200/2022/11/07/1667783402378.html.

[9] 河北省乡村振兴局.定兴探索创新万亩生态智慧农场建设模式,http://fp.hebei.gov.cn/2023-03/02/content_8957196.htm.

[10] 邯郸市市场监管局切实加强涉冬奥食品质量安全监管，https://www.hd.gov.cn/hdyw/bmdt/bm/gsj1/202112/t20211217_1516135.html.

[11] 河北省乡村振兴局.沧州打造高品质好口碑农业"金字招牌"，http://fp.hebei.gov.cn/2022-04-20/content_8774648.htm.

[12] 承德市农业农村局.承德山水相关名词，https://nyncj.chengde.gov.cn/art/2022/8/11/art_717_869490.html.

[13] 唐山市人民政府.我市品牌农业建设跑出"加速度"，http://www.tangshan.gov.cn/zhuzhan/zhengwuxinwen/20210810/1210089.html.

[14] 秦皇岛市农业农村局.秦皇岛市特色现代农业发展总体情况，http://nyncj.qhd.gov.cn/home/details1?id=4518.

[15] 农业农村部办公厅《关于开展2023年农业品牌精品培育工作的通知》（农办市〔2023〕5号）.

[16]《国家质量兴农战略规划（2018—2022年）》（农发〔2019〕1号）.

[17] 农业农村部办公厅《关于印发〈农业品牌精品培育计划（2022—2025年）〉的通知》（农办市〔2022〕8号）.

[18] 国家发展改革委等部门《关于新时代推进品牌建设的指导意见》（发改产业〔2022〕1183号）.

[19]《河北省特色优势产业集群2022年推进方案》（冀农发〔2022〕10号）.

[20]《河北省人民政府办公厅关于印发加快建设数字河北行动方案（2023—2027年）的通知》（冀政办字〔2023〕13号）.

[21]《河北省人民政府办公厅关于印发河北省制造业高质量发展"十四五"规划的通知》（冀政办字〔2022〕7号）.

标准化建设助力京津冀蔬菜品牌一体化发展

为打造环京津精品蔬菜供应基地和应急保障基地，在保持京津传统市场占有率第一的地位的基础上，河北蔬菜产业向京津高端蔬菜市场供应第一大省迈进。为贯彻落实河北省政府《关于扎实推进农业经济发展的十四条政策措施》《关于持续深化"四个农业"促进农业高质量发展行动方案（2021—2025年）》，推动设施蔬菜产业提升以及精品蔬菜产业集群建设，河北省实施千亿级蔬菜产业提升工程项目。项目突出河北省环绕京津区位优势，加快发展设施蔬菜产业，推动蔬菜产业向设施化、精品化、规模化、标准化、品牌化方向发展。蔬菜一、二、三产融合，标准化、一体化发展是京津冀乡村振兴的必经之路。

一、京津冀蔬菜品牌一体化发展的重要性及存在的问题

作为保障京津"菜篮子"的河北蔬菜，近年来河北省委、省政府高度重视蔬菜产业发展，全省蔬菜总产量达到5407万吨，居全国第四位，联合北京市共建115个环京周边蔬菜生产基地。全省共有设施蔬菜362万亩，并保持着年增10万亩的发展势头，冬季日供鲜菜和冬储菜近10万吨，夏季日供近鲜菜20万吨，多种蔬菜可四季生产，近70%产量供应北京市场。河北蔬菜品质优良，全省1100多个蔬菜产品通过绿色、有机、地理标志认证，培育33个省级以上蔬菜区域公用品牌，固安原味番茄等精品蔬菜市场竞争力强。近年来，净菜、鲜切菜、预制菜产业

发展迅猛，蔬菜加工企业达到2171家，其中鲜切菜企业72家，成为供应京津的新生力量；但是在京津消费市场的产地知名度不高，蔬菜产业供应链能力不强，大多数蔬菜通过第三方贸易商进入京津市场。产品消费地与产品原产地之间没有建立有效的连接。品牌产品在供应链上交易的每一个节点都没有标注和关联品牌信息（品牌责任主体变更的交易数据、产品包装数据、产品加工数据、产品优质性宣传数据等产品增值信息）以及品牌产品的生产资料投入品信息，各种认证信息（良好农业规范GAP认证、地理标志产品品牌认证、绿色食品认证、有机农产品认证等）与检测数据无法在品牌供应链所有下游（加工或销售）节点通畅地传递，在生产者和购买者之间构建不了牢固的市场连通性，因而无法更好地实现河北蔬菜品牌的传播。必须通过协同的标准化体系建设，实现供应链内品牌数据的实时有序连接才能构建实现更具韧性的河北蔬菜品牌价值链。

二、河北蔬菜京津冀品牌协同发展当前存在的问题

（一）河北蔬菜品牌信息化及标准化程度不高

作为河北蔬菜的消费地之一的北京，早在2017年就建设了"北京蔬菜"品牌追溯数字化公共服务平台，该平台建设是一项系统工程，涉及"北京蔬菜"管理制度发布、系列标准研制、龙头企业参与、消费者信任构建等诸多方面，使得"北京蔬菜"在北京深入人心，代表着安全、放心、优质、新鲜，并利用数字化创新优势，在大数据和云平台的基础上，在北京市农业农村局发展数字生态系统，有效地发布和收集相关数据，做到了同品类的产品同品、同标、同质、优价。消费者养成了看标买菜的习惯。各个流通渠道也对"北京蔬菜"的进入大开绿灯，给予了免检优先的政策，大大降低了蔬菜生产经营企业的成本。河北蔬菜

进北京首先要做的就是使得消费者认识到河北蔬菜的安全性、优质性向"北京蔬菜"看齐，甚至从品质上优于"北京蔬菜"，并通过数字化的传播建立京津冀蔬菜品牌产品同品、同标、同质、优价的理念，扩大河北蔬菜在京津市场的占有率。

（二）河北省蔬菜供应链的可追溯性和透明度不高

在数字流通体系功能日益强大的背景下，品牌不仅是产品质量优良的体现，更是服务优质的体现，蔬菜产业品牌化发展应整合农业和服务业。河北省的蔬菜产业还未构建供应链数字化地方标准，引用国家标准和行业标准进行供应链体系建设的产业也不多。参考国际国内农产品品牌供应链建设的先进经验，比如带有品牌信息的数字化标签可以使消费者更好地了解产品，认可品牌价值，跟企业建立持续长久的消费关系，大幅提高产品利润，并帮助蔬菜行业达到更好的供应链可见性。数字化管理的数据集成有助于实现高效的关键数据交换共享，服务于蔬菜质量的检测认证、生产投入品采购、生产技术指导、供应商和消费者对接、消费数字化服务，并有效地将蔬菜质量信息传递给贸易商、零售商和电商经营者。产业服务的优质性得益于数字技术、可追溯技术的应用。全过程的供应链数字化改善蔬菜产业从业者对产品各种紧急情况的响应，如安全性查询、物流查询、售后服务、订单服务等；尤其是对新鲜蔬菜，及时的信息传递是有效减少商品损耗的重要手段。使用标准化的数字技术管理品牌、建立标准化供应链管理模型与方法，无须耗费几天或数周时间，只需几分钟，甚至几秒钟，就可以查询进入供应链的蔬菜产品情况，并实现全供应链的完全可见性，从而降低监管者和生产者的时间与金钱成本，大幅提高河北蔬菜的品牌价值和利润率。

（三）监管部门和企业建立并执行标准化管理体系的能力较弱

随着全球经济的发展，农业企业的生产环境与竞争越发复杂和激烈，蔬菜作为生鲜产业里消费频次最高、供应实效最短、销售损耗最大的品类，降低损耗、提升管理能力和市场竞争力才能赢得机会与发展。作为河北蔬菜的消费地，京津地区各大农产品批发市场、卖场、超市、电商企业等渠道对于标准化的要求极高。供应链建设的强标准化起到了至关重要的作用，标准化体系可以有效地解决蔬菜生产经营企业在发展和扩展过程中面临的多种问题，如同类产品生产线的高效复制，企业管理的持续优化改善，全省蔬菜产品同品、同标、同价的实现，促进各级公共管理监督服务机构间的数据协同，提高同步高速反应能力。供应链建设的标准化还可以帮助监管者预测市场失衡的类型，减少供应链各环节的浪费和损失，并全面跟踪相关政策实施的有效性。目前标准化体系建设的程度低，使蔬菜产业的生产经营者无法敏捷地对供应链的中断做出反应。数据信息系统的对接标准不建立，数据无法有效传递，政府和企业不能提前发现潜在问题，影响了河北蔬菜产业市场竞争力的形成。

（四）缺乏更智能的舆情预防和市场应对方法及工具

基于各个市县调研数据发现，针对33个省级以上蔬菜区域公用品牌、100多个精品蔬菜品牌，没有建立有效的舆情预防系统，没有建立负面舆情（如食品安全事件、假冒品牌、假滞销等情况）出现的标准化应对机制和规范。众所周知，一个食品安全事件的发生可以瞬间摧毁一个发展数年的产业，尤其是在信息化、数字化高度发展的现代社会。自媒体中的负面信息会以几何倍数的扩散倍增。河北省目前缺乏有效的舆情预防和市场应对方案及工具，应建立跨供应链（包括种植、生产、仓储、包装、物流、分销、零售等环节）追溯数据的快速分析工具，实现增强的农产品质量原因分析和预测，以帮助农业生产经营主体优化生产实践，识别潜在的食品安全风险并避免风险再次发生；建立针对蔬菜品牌舆情的数字化分析预警系统，将风险降低到安全的范围。

(五)乡村振兴背景下京津冀蔬菜品牌协同发展的建议

在乡村振兴全国大市场背景下,京津冀蔬菜品牌协同发展需要建立标准的、弹性的、高效的、透明的、灵活的供应链体系,需要建立快速敏捷的数字资产运营及强大的舆情监测处置系统。在生产经营方式面临着巨大挑战与变革的今天,全省1100多个通过绿色、有机、地理标志产品认证的蔬菜品牌进入京津市场,需要生产经营企业有高效的供应链运营服务能力,监管服务机构需要有更大的透明度和灵活性,品牌产品需要更智能的质量安全保障机制,品牌发展需要更有效的现代化的管理方法和流程,以及领导力、创造力与文化。我们更应以乡村振兴产业发展为契机,重新设计并优化河北蔬菜供应链的政策和举措,以应对京津市场供需冲击和竞争者的反击。建立有效的河北蔬菜品牌标准框架体系,建设河北省区域品牌数字化管理服务平台,帮助监管者和生产经营者深入了解河北蔬菜产业供应链管理标准及要求,帮助企业优化供应链效率以降低损失、提升利润,并辅助企业进行品牌蔬菜的安全性管理。

可以预见的是,在乡村振兴全国大市场背景下,标准化的蔬菜品牌供应链体系将发挥更大作用。蔬菜品牌的标准化体系发展需要京津冀三地政府、行业和市场管理部门、企业等方面的合作与推动,蔬菜品牌标准化是实现京津冀蔬菜产业一体化发展、保障首都食品安全及农产品供给的唯一可行的道路,也是河北蔬菜品牌能更快速、优质地应对供应需求,应对农业新电商模式,有效提升京津冀蔬菜产业从业人员效益的有效途径。

(六)规范蔬菜区域公用品牌数字化建设,加强标准制修订工作

蔬菜区域公用品牌管理体系建设急需实现规范化。应明确区域公用品牌所有权、经营权、被授权产品品牌标识使用权,并建立区域公用品

牌产品追溯体系的最小功能框架，在政府和企业中采用相同的数据标准来管理、追踪品牌授权产品，对实现区域公用品牌规范化发展至关重要。

建议成立专门的河北省蔬菜品牌标准化委员会，并与京津蔬菜产业管理部门建立标准沟通互用机制，全面制修订河北蔬菜品牌产品生产技术规范，研制区域公用品牌准入标准，研建区域公用品牌标识管理规范，并促进基于科学标准的实施和使用，促进京津冀蔬菜产品安全体系的相互认可和协调。考虑所制定地方标准与国际和区域合作的可能性及兼容性，明确不同解决方案之间的互操作性标准要求。制定或修订区域公用品牌管理数据交换和对接标准，研建支撑跨区域协同的品牌管理数字化平台，并实现系统互操作与数据关联分析。

有条件加强执行《农产品包装和标识管理办法》，提升净菜、鲜切菜、预制菜发展比率，为河北蔬菜区域公用品牌数字化发展奠定基础条件。有效的农产品包装是农产品品牌发展的前提，避免无包装、无品牌、无追溯、无管理。建议区域公用品牌蔬菜产地强制执行《农产品包装和标识管理办法》，依据国际标准编码体系（如OID或GS1编码）制定数字化品牌标识，保证区域公用品牌蔬菜标识的唯一性，并实现与贸易渠道、电商渠道、跨境交易业务编码标识的一致性和兼容性。

以无障碍区域公用品牌召回为首要目标，建立或完善有效的区域公用品牌产品追溯系统，可追溯性和透明性是品牌产品安全性管理工作的核心。可追溯性对于缓解和管理区域公用品牌质量安全风险至关重要。通过可追溯性工具和系统识别出授权产品的责任主体，有助于提升区域公用品牌授权企业的自律性，维护区域公用品牌的优质性和安全性，有助于保护区域公用品牌的价格及价值体系。

研究制定相关政策，鼓励区域公用品牌授权生产经营主体依据准入标准和要求，根据企业流程特性建立符合品牌质量要求的内部追溯系统，或者依托第三方追溯服务提供商的云平台实现内部追溯，并与各级品牌监管部门、良好农业规范认证部门、电商平台等实现数据对接。

以蔬菜区域公用品牌管理服务为目标，建立蔬菜区域公用品牌大数据分析系统。目前河北省蔬菜产业正处于数据驱动型生产、制造和整体供应链的早期阶段，生产计划需要依托更大的数据采集范围和预测分析能力，以及快速分析大数据的工具，将其用于生产计划和流通管理，以应对疫情感染和食源性疾病传播风险；同时应集成利用数字和物理技术来增强品牌产品供应的安全性和优质性。通过对数据进行更精准的标注、更有意义的分析，可以将区域公用品牌数据流转为数据资产并用作品牌产品供应链金融的抵押，整个产业将更有价值、更具战略性，品牌数据资产化是促进京津冀消费提升的有效抓手。

推进以供应链标准化、数字化体系实施为目标的品牌示范基地协同试点建设。标准化、数字化是整个供应链各个阶段产品流通能力的支撑，对于蔬菜品牌建设实现最大化的效益是非常重要的，生产、运输、存储、交易过程中的质量维护是品牌蔬菜供应链管理的重点，而增强供应商沟通的强度和安全性对于确保蔬菜产品质量安全和优质性至关重要。对实现供应链标准化和数字化管理的企业基地进行激励是实现区域公用品牌价值提升的主要动力。

建议以区域公用品牌供应链全过程标准化、数字化为目标，选择主要蔬菜品牌，在重点地区推进蔬菜品牌标准化、数字化试点建设，总结并解决供应链不同环节协同所遇到的问题，鼓励品牌蔬菜生产经营主体自愿采用标准化、数字化的方法管理品牌，并出台相应标准和技术指导措施支持各种技术解决方案的形成。

（七）建立省级蔬菜区域公用品牌信息发布与查询平台

建立省级蔬菜区域公用品牌信息发布与查询平台，及时发布区域公用品牌授权主体及品牌信息，发布管理制度及准入标准。对接省、市、县三级蔬菜产品质量安全检测监管部门，对接社会第三方质量安全追溯数据，接受消费者查询及投诉。鼓励品牌授权品牌产品生产经营主体自行发布产品销售公告。公告应与具体品牌产品标识批次相关联，消费者和供应链各环节节点能够通过省级平台及时查询品牌质量信息、物流信息、售后服务信息以及产品真伪。

（八）建设河北省蔬菜区域公用品牌联合体，探索多方投入受益机制

通过统一的标准体系建设河北蔬菜区域公用品牌联合体。依托省蔬菜区域公用品牌数字化平台形成蔬菜品牌数字资产管理和投资工具，通过多方投入开辟新的市场投资机会。软投资（用于数字市场平台以及数字要素、知识产权）或硬投资（用于产业深加工、仓储物流、冷链、交易）是构成品牌数字经济市场结构的基础。区域公用品牌价值链中的数字创新需要数据及信息与通信技术（ICT）基础设施，以及通过数字化标识连接多个市场参与者（包括农民、生产企业、贸易商、金融代理商、投入品供应商和消费者）的数字市场平台部署和服务。政府可以鼓励跨部门（农业、商务、运输、卫生、教育）的公私合作伙伴关系，其中私营部门可以在技术部署、大规模投资和运营服务方面发挥关键作用。

依托产业集群，赋能特色产业农业品牌高质量发展

2021年，河北围绕优势特色产业资源，突出规划引领，加大支持力度，着力打造提升产业集群品牌，着力打造高品质、有口碑的农业"金字招牌"，农业品牌建设工作取得新成效。

一、培育优势产业，夯实品牌基础

河北省农业自然条件优越，区位优势明显，素有"中国地理形貌之缩影"的称号，是世界公认的优质奶源区，葡萄、马铃薯种植黄金带。近年来，河北省以市场需求为导向，以资源禀赋为基础，分区域优化产业结构和产品结构，重点培育优质专用小麦、优质谷子、精品蔬菜、道地中药材、优势食用菌、沙地梨、优质专用葡萄、山地苹果、高端乳品、优质生猪、优质蛋鸡、特色水产12个特色优势产业，按照全产业链打造、全价值链提升的思路，着力实施土壤环境改良、现代种业提升、创新平台建设、技术标准推广、设施装备升级、绿色生产推进、加工保鲜提升、休闲农业培育、"河北品牌"打造、园区基地带动、联合发展促进、产销渠道对接十二大工程，将科技、绿色、品牌、质量等现代生产要素融入农业生产各环节，着力提高绿色优质农产品供应能力。2023年新增优质专用粮食183万亩，蔬菜、水果、中药材、食用菌等特色产业218万亩，建设全国最大的越夏香菇基地、优质梨基地、酸枣仁

基地、高端奶业基地，为品牌培育创造了良好的基础条件。

二、打造产业集群品牌，树立行业代表旗帜

2021年，河北重点围绕特色优势产业集群，大力实施农业品牌"十百千"工程，以特色农业精品为主体，打造12个系列"河北产业集群品牌"，成体系打造100个系列"河北品牌"，重点打造提升100个高端区域公用品牌、50个产业集群领军企业品牌，推广1000个产品品牌，形成"突出重点、分级推进、带动全局"的品牌建设新格局。

（一）加大政府引导支持力度

2021年，省级安排农业品牌建设资金6000万元。一是以全省12个特色产业集群建设为导向，聚焦农业结构调整的中心任务，资金向产业集群品牌打造市倾斜，重点围绕产业集群加大"河北品牌"宣传营销支持力度。二是重点支持具有独特的区位、地理、气候、人文及生态条件，资源禀赋突出，品牌文化深厚，产业集聚明显的品牌资源大市进行区域公用品牌打造提升，着重进行品牌管理、推广宣传和营销支持。三是重点向脱贫地区倾斜，加大对国定脱贫县所在的保定、承德、张家口等市的支持力度。

（二）建设"158N"金字塔型品牌发展体系

按照"培树一批产业集群品牌，打造一批'河北品牌'，带动一批高端区域公用品牌，推出一批领军企业品牌，推广一批高端产品品牌"的思路进行链条式发展，每个产业集群按照"158N"的原则进行品牌建设，即"1个集群整体品牌形象＋5个代表性区域公用品牌＋8个核心领军企业＋N个农产品品牌"。2021年，成体系打造培树了河北板栗、河北葡萄、河北小米、河北梨、河北食用菌等12个代表国内甚至世界品类旗帜的河北产业集群品牌，品牌影响力明显提升，竞争力明显提

高，带动力明显增强。据统计，河北梨在2021年年初，整体市场行情品牌溢价增加了0.2~0.3元。

（三）发挥行业组织作用

近年来，在成立河北省农产品品牌协会、河北省品牌农业发展联盟、河北省农业电商联盟的基础上，推动成立了河北省板栗协会等品牌专业行业组织，为河北品牌营销造势、汇智、引资、聚能、创新，由社会组织进行品牌间的协调、指导，改变产业间恶性竞争的情况，形成"拳头效应"，夺取单品定价权。组织品牌、协会、联盟成员单位分期分批到市县，进行深入对接、现场释疑、把脉问诊，帮助解决市场营销中存在的现实问题，开展延伸服务，来自深圳、四川、北京的国内知名专家和机构现场授课、答疑解惑并展开自由对接，传播先进品牌营销理念，提升农业部门品牌建设管理能力，提高农业企业品牌营销意识。图11所示为昌黎葡萄产业精准对接推介会宣传页。

图11 昌黎葡萄产业精准对接推介会宣传页

三、集中宣传推介，扩大品牌影响力

在中央电视台、新媒体开辟品牌宣传窗口，创新集群品牌宣传路径，综合利用"央视+高端平台+新媒体+专业机构"宣传渠道，拓宽宣传范围，定位宣传对象，针对河北省产业集群品牌整体形象进行分层次、分地域、分重点的宣传推广，在国内外营造河北农业整体品牌形象的宣传氛围。

（一）利用央视平台黄金时段树立品牌形象

2021年河北省持续在中央电视台黄金时段投放了河北葡萄、河北牛奶、河北水产、河北牛肉、河北小米等多个产业集群品牌形象，累计宣传100次以上。精准分析受众，精确投放时间，扩大宣传实效，累计观看超过20亿人次；带动相关市在同期进行了"承德山水"、张家口"大好河山"、黄骅梭子蟹等区域公用品牌的宣传。

（二）利用多种方式分层次宣传推广

2021年在北京西站、石家庄机场等场所进行"河北农品 百膳冀为鲜"的整体形象宣传，为加强面向人口密集地区的宣传推广，在北京西站对昌黎葡萄、承德国光苹果、饶阳蔬菜等51个代表性强的区域公用品牌进行展示并支持扫码即购。利用人民网、新华网等中央新媒体平台等投放品牌宣传短片，加强面向国际国内高端人群的品牌宣传推广。举办农业品牌社会宣传系列活动，加强面向社会大众的品牌宣传推广。举办"我最喜爱的河北农产品品牌"评选、"我为家乡农产品代言"、河北省农业品牌创新创意大赛等多项社会活动，掀起全社会"懂品牌、唱品牌、消费品牌"的热潮。举办"寻味河北 探秘家乡"知名"大V（网络用户）"探秘河北农业品牌活动，阅读量超过1亿人次。

(三)利用新媒体手段扩大社会影响

利用新媒体、短视频等形式进行集群品牌宣传和服务,进行线上直播,开设专版、专栏,制作专题节目。加强线上宣传,发挥网络与手机传播快、覆盖广、成本低的优势,在微信、抖音、快手等平台投放河北集群品牌宣传短片。发挥新媒体作用,在《河北日报》客户端、长城新媒体开设专版专栏,宣传典型案例,讲述集群品牌故事,推广特色优势品牌。

此外,编辑出版了"河北农业品牌系列丛书"之《小米故事》、"河北农业品牌系列丛书"之《栗子史话》《河北农业品牌故事100例》等集群品牌宣传书籍,利用展会、对接活动等平台面向社会免费发放。在《人民日报》旗下《环球人物》杂志投放集群品牌布局图,以集群宣传带动区域公用品牌影响。

四、线上线下结合,拓展品牌渠道

2021年,结合疫情防控形势,调整营销思路,加强对营销对象的分析和研究,通过文化挖掘、时尚引领、"网红"消费等找出准确的市场需求,以线上线下相结合等多种方式拓展农业品牌营销渠道,提高河北省农业品牌知名度和市场辨识度,增加品牌农产品的附加值。

(一)利用会展活动突出品牌推介

河北省利用会展活动突出品牌推介,具体措施如下:一是利用中国农民丰收节(见图12)平台突出品牌宣传推介和产销对接。2021年河北省丰收节主会场邀请河北籍明星代言推介河北小米、河北葡萄等家乡农产品;举办"中国农民丰收节金秋消费季"活动,在全省各地丰收节庆祝活动现场设立集群品牌农产品展示推介,同期与中国邮政河北省分公司共同举办"惠农一市一品"河北丰收巡展直播活动,邀请名人进行"我为河北代言"线上直播。二是积极组织农业龙头企业和品牌农产品参加农业展会，搭建产销对接平台。先后组织参加中国国际茶叶博览会，举办河北养生功能茶系列品牌推介活动。组织参加全国糖酒商品交易会，举办2021河北省品牌农业展暨河北省品牌农业对接推介会，组织省内36家优质农业品牌企业、河北葡萄产业链相关企业参加展销活动，进一步拓展市场营销渠道。组织参加第五届丝绸之路国际博览会、中国品牌日等展会活动。

图12　河北省2021年中国农民丰收节主会场

（二）实施农业品牌对接展销行动

河北省实施了一系列农业品牌对接展销行动：一是推进品牌农产品北京"六进"行动。连续三年在京举办"品味河北"河北品牌农产品进京对接推介会。2021年组织近百家农业品牌与北京170多家餐饮企业进行推介对接，北京阳坊胜利饮食文化发展有限公司、北京姚记餐饮文化发展有限公司、北京市紫光园餐饮有限责任公司等众多北京知名餐饮企业在现场与河北优质农业品牌达成多项合作采购协议。二是举办河北品牌农产品进社区现场展销活动。面对大众的品牌农产品采购需求，开展品牌农产品上门服务行动，在社区开展品牌农产品展销活动，方便社会大众不出社区采购到品质高端、优惠保真的品牌农产品。

（三）探索"品牌+电商"新思路

河北省探索"品牌+电商"新思路，做出如下尝试：一是举办多场"拓宽网上主渠道，河北农产品销售直播行动"，贫困地区建设"网红"直播间，购置了直播设备，邀请了抖音、快手的直播培训讲师进行网络直播教学，手把手教会村民变身网络达人，多平台累计观看人数达近千万人次。二是组织举办线上品牌助农活动。2021年组织举办"寻找河北农品带货王"大赛，组织网络达人为品牌农产品线上带货，提升农业企业品牌意识和互联网思维，发动各市、县开展电商促品牌营销相关活动，向电商销售平台引流，利用"粉丝经济"帮助品牌农产品快速出货，提升品牌知名度；举办中国农民丰收节乡村振兴公益视频大赛（河北赛区）暨品牌农业线上展播活动，立体呈现河北农业丰收景象、农民风采、美丽乡村等乡村振兴成果。三是积极对接阿里巴巴、京东商城、今日头条、抖音、腾讯微视频、河北日报等电商平台和媒体，组织多种形式帮助贫困地区农产品进行销售。与阿里巴巴集团控股有限公司合作，上线"蚂上助农"河北站活动，助力青龙黄金栗、巨鹿金银花、阜平脆枣、蠡县麻山药等脱贫地区品牌产品上线销售，有效促进"互联网+"农产品出村进城。由于平台助力，青龙黄金栗在短短半天时间冲上天猫平台零食类排行榜前五位。2021年，共举办线上"网红带货"、主流新媒体宣传推介等相关活动6场，把品牌产品植入"网红带货"链条，向电商销售平台引流。拓宽农产品线上销售主渠道，在全省形成直播带货示范带动效应，直接经济效益超过10亿元。

2022年，河北省将选择一批产业优势大、市场占有率高、可塑性强的"集群品牌+区域公用品牌"进行重点支持提升，把发展品牌农业作为河北省特色产业集群建设的重要内容，重点进行集群品牌宣传和营销，拓宽销售渠道，拓展市场空间，实现优质优价，扩大河北农产品集群品牌影响力，增强优势特色产业市场竞争力和占有率，重点实施河北农业品牌发展"三大行动"。

（1）农业品牌设计创新和专业策划行动。抓好区域公用品牌打造提升，以品牌为引领；抓好企业领军品牌推介对接，实现合作共赢；抓好专业化品牌服务，提升企业品牌营销能力。

（2）农产品"河北品牌"宣传推广行动。推动产业集群品牌营销宣传，树立农产品"河北品牌"整体形象，促进河北省产业集群品牌深入人心，把口号变成口碑，把形象变成效益；着力宣传河北省优势产业，推介品牌产品，讲好品牌故事，弘扬农人精神；利用多种平台全方位宣传河北农业品牌，面向社会各阶层进行多方位宣传推介，宣传典型案例，讲述品牌故事，推广特色优势品牌。

（3）农业品牌营销渠道拓展行动。针对河北省脱贫地区农产品滞销卖难、好东西卖不出好价钱等现实问题，组织举办脱贫地区品牌农产品产销对接活动，为脱贫地区农产品找卖点、找出路，实现精准对接，提高品牌价值；继续在一线城市地举办河北品牌农产品万里行活动，在京实施品牌农产品北京"进市场、进食堂、进超市、进饭店、进社区、进餐桌"的"六进"行动；利用中国国际农产品交易会、中国（廊坊）农产品交易会等会展活动突出品牌推介，促进贸易交流和大宗交易。

此外，还将组织举办品牌创新创意大赛、中国农民丰收节、河北品牌农产品北京展销周等大型活动，对河北省农产品品牌目录实行动态监管，建设农业品牌大数据系统，做好农业品牌研究、价值评估，举办全省产业集群品牌、区域公用品牌、领军企业品牌等品牌认定、评选、发布等活动。

农产品质量安全追溯体系护航农产品区域公用品牌价值

一、农产品区域公用品牌的特征与价值

农产品区域公用品牌是特定区域内相关机构、企业、农户等所共有的，在生产地域范围、品种品质管理、品牌使用许可、品牌行销与传播等方面具有共同诉求与行动，联合提供区域内产品向市场销售的行为，使区域产品与区域形象共同发展的农产品品牌。农产品区域公用品牌借助区域内的农产品资源优势，一般须建立在区域内独特自然资源或产业资源的基础上。创建农产品区域公用品牌，对其区域产品销售、区域形象、品牌美誉度、旅游等都起到积极的作用，经常被称为一个区域的"金名片"。

近年来，我国农产品区域公用品牌建设在快速成长和发展，已经由"幼稚期""成长期"进入"成熟期"。国家地理标志品牌、区域公用品牌、集体商标等日益受到区域产业从业人员的重视，塑造了一大批优秀的农产品区域公用品牌。

地域性是农产品区域公用品牌的特征，与其他地区相比，自然环境的独特性、稀缺性和不可复制性决定了农产品区域公用品牌的地域特征，因此区域自然环境特性、地理位置是农产品品牌的资源价值。例如，"五常大米""阳澄湖大闸蟹"等区域公用品牌的形成主要依赖于本地独特的地理资源优势。

产业优势是农产品区域公用品牌形成的基本条件。市场占有率、产业内部分工合作程度、生产经营管理水平以及高效有序的组织化管理水平等产业基础构成区域公用品牌产品的基本内容，也是农产品区域公用品牌主要的市场价值。例如，北京"大兴西瓜"区域公用品牌的形成得益于大兴区"一会一社一中心"的有效组织管理模式，以及信息化追溯体系和数字化品牌管理系统的应用。

区别于工业品的外在即内在、所见即所得的品质表现特征，农产品的质量特征体现于内在的安全性、微量元素含量、营养物质含量等，而这些特征的达成需要成熟的种植养殖经验及有效的生产管理。例如，"东港草莓"区域公用品牌形成的主要原因是对于质量的严格管理和控制，根据市场需求成立东港市草莓协会研制东港草莓分级标准，根据标准严控品牌使用权，并使用信息化追溯体系记录和发布产品品质信息，使得"东港草莓"在中国草莓市场独占鳌头。

另外，历史文化底蕴和民族文化的发展对成就某些特色农业产业有着至关重要的影响，一些地方特色农产品生产种植自古延续至今形成了特色鲜明的生产工艺，逐渐成为当地的主导产业，形成了农产品区域公用品牌的文化价值。例如，"云南普洱茶""新会陈皮"等区域公用品牌的形成得益于历史文化底蕴的支撑。

二、我国农产品区域公用品牌建设过程中存在的问题

在我国农产品区域公用品牌建设过程中，产业生态发展上还有巨大的提升空间，在品牌价值提升上还有一些问题亟待解决，具体表现为如下"五化"。

（1）品牌使用公地化。从市面上销售的很多标注"区域公用品牌"字样的产品来看，产品具体的产地标注并不清晰，品牌"搭便车"现象严重，滥用区域公用品牌标识的包装泛滥。

(2) 品牌选择茫然化。许多区域公用品牌农产品虽然在业内具有较高的知名度和美誉度，消费者实际购买时却面临不知道"选择谁"的尴尬境地。

(3) 品牌主体虚无化。农产品区域公用品牌的实际所有权、经营权与使用权存在事实上的分离，品牌的归属不清、经营主体散而不强、经营主体间互相诋毁的现象也较为普遍，产业生态不够健康。

(4) 品牌效益短期化。为了提升产值，不论是企业还是政府，都可能会有急功近利的心理作祟，对产品可追溯体系的建设浮于"可视化"表面，而没有认识到底层数据体系建设的重要性。一旦遇到管理层变动，就可能陷入前功尽弃、工作停滞的危险状态。

(5) 品牌产品非标化。由于农产品的特殊生命属性，无法像工业品一样直接标注质量信息，品牌产品没有明确的质量分等分级指标，以致品牌没有有效的价格体系和管理体系，品牌农产品的价格亦不稳定，农产品产地端无法掌握品牌产品的定价权。

三、产品质量的标准化是农产品区域公用品牌建设的关键

品牌产品应该是消费者可以直接消费的商品，且质量要求应该是标准稳定的。品牌价值的直接体现就是质量标准体系。消费者消费产品的时候，购买的就是品牌产品承诺的质量要求，因此应该从消费端探索建立品牌产品的质量标准体系，分析产业短板，找出从农产品到商品的有效路径。品牌价值的高低最终还是靠消费者选择，靠市场来决定。

如何解决品牌农产品标准化的问题？现阶段可行的模式是建立农产品区域公用品牌联合体。通过政府主管部门主导、市场化运营、数字化管理，对区域公用品牌的所有权、运营权、品牌授权以及被授权的企业和产品进行管理与服务。实现区域公用品牌各个维度的数据采集，通过

对数据的分析和使用，可以高效地解决区域公用品牌管理不清晰、授权不明确、责任不清楚的使用现状。通过数字工具的使用，可以清晰直观地发现未按照标准要求执行的被授权企业、个人和产品，低成本、高效率地解决标准贯彻问题。维护品牌产品的质量要求和品牌形象。通过有效的推广宣传，使得有特色、高质量的农产品区域公用品牌深入人心，大幅提升特色农产品区域公用品牌在消费者心目中的形象，使得"品牌产品就是高质量产品"的观念深入人心，大幅提升区域公用品牌的经济价值。

四、农产品质量安全追溯体系是农产品区域公用品牌数字化管理的重要保障

农产品质量安全追溯体系采集记录农产品生产、流通、消费等环节的数据信息，实现来源可查、去向可追、责任可究，强化全过程农产品质量安全管理与风险控制。以往对于农产品质量安全追溯主要关注其对于农产品质量安全的保障作用，实际上，在实现农产品质量安全追溯的过程中，企业会不断提高信息化水平，同时不断积累大量的数据，这些都有利于促进提升其管理水平，从而促进我国农业的标准化、规模化和产业化发展。农产品质量安全追溯也是农产品区域公用品牌建设管理的重要工具之一，农产品质量安全追溯体系建设可以促进农产品区域公用品牌克服"五化"障碍，掌握区域公用品牌农产品定价权，引导各地区域公用品牌产业步入良性、可持续发展轨道。

农产品质量安全追溯体系的责任主体备案机制可以从源头分清品牌所有权、品牌经营权和品牌使用权的责任主体，并可以记录被授权主体的品牌管理使用经营情况，因此农产品质量安全追溯体系可以解决品牌使用公地化的问题。农产品质量安全追溯体系可以在区域公用品牌农产品最小销售单元赋码，有明确的标签标识，消费者可以根据标签标识选

择产品，并可以扫码了解更多详细的产地信息及产品信息，获取地理标志产品的地理位置，为消费者提供有效的优质区域公用品牌农产品识别工具。有效的数据反馈还可以形成区域公用品牌农产品的客户数据资产，为当地区域公用品牌的经营销售提供有价值的参考，为区域公用品牌地区政府提供政策制定的依据。

目前的区域公用品牌农产品管理方式无法精准地识别本地区区域公用品牌授权产品，因此对于区域公用品牌农产品的质量管理无法有效地到达每一个使用区域公用品牌的产品上，产品责任主体不明确，管理层级不清晰，导致少数区域公用品牌使用者为追求短期利益不遵守品牌产品的质量要求，不按照区域公用品牌生产规范进行生产。带有区域公用品牌标识的农产品进入市场，一旦出现质量问题，对于整个农产品区域公用品牌的建设工作将是致命的打击；而农产品质量安全追溯体系恰好可以有效地解决这个问题，尤其是使用国家标准统一标识的品牌农产品，在进行农产品质量安全追溯体系建设的初期就做好责任主体备案、产品备案，不但确保每一个产品都可以被追踪、被溯源，还沉淀了区域公用品牌的产业数据资源。

信息化追溯的应用使得区域公用品牌的各种数据可以沉淀、交换、分析，可以快速找出供应链中存在的问题，有助于降低供应链成本，提升效益，促进提升农产品供应链管理水平。通过对追溯过程中形成的数据进行分析，可以帮助完善产业体系和配套，带动品牌区域内市场经营主体和企业品牌成长，促进特色农产品优势区和产业集群的形成，在区域内、品类内形成错位竞争、共生共容、可持续发展的良性产业生态，实现掌握区域公用品牌农产品的产地定价权的目标，将区域公用品牌的数据资产转化为信用资产、金融资产。

为了保障农产品区域公用品牌建设的良性健康发展，应该重视和加强农产品质量安全追溯体系建设。据各地品牌产业建设的经验来看，采用区域公用品牌联合体模式进行深度开发与建设是一条有效的路径，区域公用品牌联合体模式的核心是实行"政府主导+企业化运作"，以品牌管理和保护制度建设为主线，以农产品质量安全追溯体系构建和数据资产沉淀为基石实现品牌溢价，力争形成共生共荣、错位竞争的品牌产业生态。

图表索引

图索引

图1　邯郸市主要农作物种植面积（单位：万亩） …………38
图2　邯郸市"两品一标"产品认证统计 ……………………40
图3　邢台市农产品区域公用品牌分布 ……………………77
图4　邢台市农业领军企业品牌分布 ………………………80
图5　邢台市"两品一标"认证情况统计 …………………81
图6　邢台市"两品一标"品牌地域布局 …………………81
图7　平泉香菇 ……………………………………………140
图8　GAP认证企业 ………………………………………142
图9　平泉市食用菌品牌 …………………………………146
图10　万全糯玉米 …………………………………………149
图11　昌黎葡萄产业精准对接推介会宣传页 ……………191
图12　河北省2021年中国农民丰收节主会场 ……………194

表格索引

表1　石家庄市"十佳"市级农产品区域公用品牌和企业品牌名单 …32

表2　石家庄市省级区域公用品牌和省级企业品牌统计 ……………32

表3　邯郸市农业品牌保有量统计 ……………………………………39

表4　邯郸市国家级农业产业化龙头企业名单 ………………………41

表5　承德市部分农业品牌名录 ………………………………………56

表6　沧州省级区域公用品牌、企业品牌梯队创建成果一览表 ……64

表7　邢台市农产品区域公用品牌情况统计 …………………………76

表8　邢台市农业领军企业品牌 ………………………………………78